단전 象傳

우리말 번역 & 핵심내용 집중탐구

- 단전을 읽으면 역의 중심 배꼽이 보인다 -

이시환

새로운 세상의 숲
신세림출판사

단전 象傳

우리말 번역 & 핵심내용 집중탐구

|

이
시
환

일러두기

1. 우리말 번역을 위한 원문으로 사용한 단전(彖傳)과 괘사(卦辭)는 현재 중국에서 널리 통용되는 것이다.

2. 원문에서 사용된 문장부호와 간체자를 그대로 놓아두었다.

3. 반드시 짚고 넘어가야 할 한자(漢字)에 대해서는 음(音)과 훈(訓)을 밝혀 놓았다.

4. 원문 속 (괄호) 안의 글자는 우리 주역에 표기된 글자로 참고하라는 뜻에서 밝혀 놓았다.

5. 우리말 번역문 속 (괄호) 안의 문구는 생략되었거나 대체 가능한 말이며, 정확한 의미 전달을 위해서 부득불 필요한 말로 제한했다.

6. 어떤 '판단'에 대한 근거나 이유 설명이 불충분하여 보충 설명이 필요한 경우는 음훈을 다는 '풀이란' 끝에서 ※표시하여 따로 설명했다.

7. 원문, 우리말 번역문, 음훈 뜻풀이, 기타 보충설명 순으로
   편집되었으나 더 구체적으로는 ①일련번호, ②괘명, ③괘
   상, ④괘사, ⑤단사, ⑥단사 우리말 번역문 ⑦한자 뜻풀이,
   ⑧단사 내용상의 특징 설명 등의 순으로 편집되었다.

8. 이 책은 전체 4부로 나누었는데 제1부는 단 상전, 제2부
   는 단 하전, 제3부는 핵심내용 집중탐구에 속한 20개 항
   목의 글이, 제4부는 주역의 핵심내용을 총정리한 글과, 효
   사와 상사를 읽기 전에 짚고 넘어가야 할 문제를 정리한
   글과, '화천대유' 관련 스페셜 원고 3개 항목의 글, 끝으로
   「첨부자료」라 하여 ①序卦传·上 ②序卦传·下 ③杂卦传 ④
   说卦传 등의 원문을 수록해 놓았다.

머리말

삼효 단괘인 팔괘의 조합으로 만들어지는 육효 중괘 64개 괘 (卦) 하나하나의 의미, 특징, 이해(利害)와 길흉(吉凶) 등을 판단한 내용의 함축적인 문장이 '단사(彖辭)'였다. 그래서 '괘를 판단한 말씀'이라고 해서 '彖辭(단사)'라는 이름이 붙여졌었는데 오늘날은 그것을 '괘사(卦辭)'라는 이름으로 바꾸어 부르고, 이 괘사 내용을, 다시 말해, 판단의 근거를 제시하며 보충 설명하는 글을 두고서 '단사(彖辭)'라고 부른다. 오늘날의 괘사를 설명하는 문장이 곧 '단사(彖辭)'라는 뜻이다.

따라서 단사를 읽으면, 64개 괘(卦) 하나하나의 의미와 특징과 이해(利害) 길흉(吉凶) 등의 이유를 알게 되기 때문에 역(易)의 절반 이상을 아는 것이나 다름없다. 문제는, 이것을 알아야 괘(卦) 안에서 단계적으로 혹은 시차를 두고 전개되는, 변화하는 음양 관계에 맞추어 처신하는 법을 직간접으로 제시한 육효사(六爻辭)를 쉽게 이해할 수 있다는 사실이다. 그래서 역을 공부하려면 반드시 단전을 먼저 면밀하게 읽어서 그 내용과 형식을 이해해야만 한다.

이런 연유에서 「계사전(繫辭傳)」에 이어 「단전(彖傳)」을 우리말로 번역하고, 그 핵심내용에 관해 집중탐구한 글을 함께 엮어 주역(周易)을 공부하고자 하는 이들에게 도움을 주고자 했다.

아무쪼록, 소자(小子)가 그 어렵다는 주역의 주의(主義) 주장(主張)을 입안에 넣고 오랫동안 굴리면서 잘게 씹어서 소화되기 쉽게 한 뒤 삼키었듯이 이 책의 독자 여러분도 소자의 이 책까지도 단단한 턱 안으로 밀어 넣어서 곱씹기를 통해서 삼키기를 기대해 마지않는다. 그리하여 살아가는 데에 이 몸과 마음의 피가 되고 살이 되기를 축원하는 바이다.

2021. 08. 13.

북한산 보현봉 자락에서 이 시 환 씀

차례

단상전 彖 上傳

제1부

단전象傳
우리말 번역 & 핵심내용 집중탐구

단 하전 象 下傳

제2부

차례

핵심내용 집중탐구

제3부

단전象傳
우리말 번역 & 핵심내용 집중탐구

주역(周易)의 핵심을 알기 쉽게 정리하면

제4부

象

上傳

—
단 상 전

01 乾

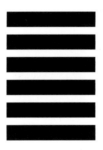

元, 亨, 利, 贞.

《彖》曰：大哉乾元、万物资始, 乃统天. 云行雨施, 品物流形. 大明终始, 六位时成, 时乘六龙以御天. 乾道变化, 各正性命, 保合太和, 乃利贞. 首出庶物, 万国咸宁.

괘사에서 말했다(이하 생략함). 만물의 근원 건이여, 위대하구나. 마침내 하늘을 거느리어 만물의 바탕이 비롯된다. 구름이 움직이어 비를 베풀고, 물체에 흘러서 (그) 형태를 이룬다. 시작과 끝을 크게 밝히고, 여섯 자리가 때맞추어 이루어지며, 때가 여섯 용을 타고서 하늘을 통어한다. 건의 도가 변화하여 타고난 성품과 천명을 두루 바르게 하고, 마침내 이롭고 올바르게 보호하고 합하여 크게 조화를 이룬다. 여러 물체(만물) 가운데에서 우두머리가 나오고, 만국이 두루 평안하다.

＊ 괘사(卦辭)：元, 亨, 利, 贞.

＊ 彖(단)：판단하다, 점치다, 돼지 달아나다, 토막, 한 단락 등의 뜻이 있으나 여기서는 괘에 딸린 '괘를 판단한 말'이다. 64개 괘에 딸린 64개의 단사(彖辭)는 모두 '彖曰'로 시작하는데 이때 '彖'은 지금의 괘사(卦辭)를 말한다. 따라서 '彖曰'은 '괘사에서 말했다'로 해석하였고, 나머지 63개 단사 우리말 번역에서는 생략했다. 이점 착오 없기 바란다.

＊ 資(자)：재물, 자본, 바탕, 비용, 의뢰, 도움 등의 뜻이 있으나 여기서는 '바탕'으로 해석하였음.

＊ 統(통)：거느리다, 합치다, 계통, 줄기, 실마리, 법, 모두 등의 뜻이 있으나 여기서는 '거느리다'로 해석하였음.

＊ 各(각)：각각, 제각기, 따로따로, 여러, 서로, 마찬가지로, 모두, 전부, 다르다, 각각이다 등의 뜻이 있으나 여기서는 '모두'로 해석하였음.

＊ 庶(서)：여러, 거의, 바라건대, 무리, 서출, 벼슬이 없는 사람, 자손, 지파, 가깝다, 버리다, 많다, 살찌다, 천하다, 비천하다 등의 뜻이 있으나 여기서는 '여러'로 해석하였음.

＊ 御(어)：'統御(통어:거느리어 제어함)'라는 더 어려운 말로 부득불 바꾸었음.

* **괘사(卦辭)**：元, 亨, 利牝马之贞. 君子有攸往, 先迷, 后
  得主, 利. 西南得朋, 东北丧朋. 安贞吉.
* **承(승)**：잇다, 계승하다, 받들다, 받다, 받아들이다, 장가들다, 돕다, 도움,
  후계, 후사, 차례, 순서, 구원하다, 건지다, 물품을 보내다, 징계하다 등 다
  양한 의미로 쓰이나 여기서는 '받들다', '받아들이다'로 해석하였음.
* **無疆(무강)**：얼마 또는 어디까지라고 정함이 없음. 한이 없음. 끝이 없음.
* **合(합)**：합하다, 모으다, 맞다, 대답하다, 만나다, 싸우다, 적합하다, 짝, 합
  (그릇), 홉, 쪽문, 협문, 마을, 대궐 등의 뜻이 있으나 여기서는 '모으다'로
  해석하였음.
* **含(함)**：머금다, 품다, 참다, 견디어내다, 싸다, 담다, 넣다, 초목들이 꽃을
  피우다 등의 뜻이 있으나 여기서는 '품다'로 해석하였음.
* **迷(미)**：미혹하다, 헷갈리다, 헤매다, 길을 잃다, 유혹하다, 어지럽게 하다,
  흐릿하다, 빠지다, 심취하다, 혼미하다, 잃다 등의 뜻이 있으나 여기서는
  '헤매다'로 해석하였음.

02 坤

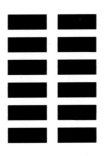

元, 亨, 利牝马之贞. 君子有攸往, 先迷, 后得主, 利.
西南得朋, 东北丧朋. 安贞吉.

《象》曰：至哉坤元, 万物资生, 乃顺承天. 坤厚载物,
德合无疆. 含弘光大, 品物咸亨. 牝马地类, 行地无疆,
柔顺利贞. 君子攸行, 先迷失道, 後顺得常. 西南得朋,
乃与类行；东北丧朋, 乃终有庆. 安贞之吉, 应地无疆.

만물의 근원 곤이여, 지극하구나. 마침내 하늘을 받들어 순종함으로 만물의 바탕이 생긴다. 곤은 만물을 실어서 두텁고, (그) 덕을 모으면 끝이 없다. 품은 (뜻이) 크고, (그) 빛이 (또한) 커서 물체가 두루 형통하다. 암컷 말은 땅의 무리이고, (그) 나아감에 땅의 경계가 없는데 유순함이 이롭고 올바르다. 군자가 나아감에 앞서 헤매면 도를 잃고, 나중에 순종하면 상도를 얻는다. '서남에서 벗을 얻는다' 함은 곧 같은 무리와 함께 감이고, '동북에서 벗을 잃는다' 함은 곧 끝에 경사가 있음이다. '(마음이) 편안하고 올바름이 길하다' 함은 땅이 끝없이 호응함이다.

03 屯

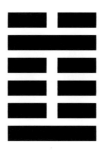

元, 亨, 利, 贞;勿用有攸往, 利建侯.

《彖》曰：屯, 刚柔始交而难生, 动乎险中, 大亨贞. 雷雨之动满盈, 天造草昧, 宜建侯而不宁.

'어렵게 생성된 만물로 가득 찬' 수뢰둔괘는 강(건)과 유(곤)가 사귀기 시작하매 (만물이) 생기는 어려움이 있고, 험난함(상괘 덕성) 속으로 움직이나(하괘 덕성), 크게 형통하고 올바르다. 뇌우가 가득 차서 하늘의 창조가 엉성하고 어두워 마땅히 제후를 세우고 편안히 하지 말아야 한다.

* 괘사(卦辭) : 元, 亨, 利, 貞;勿用有攸往, 利建侯.

* 雷雨(뇌우) : 천둥 번개 그리고 돌풍과 함께 내리는 비.

* 草(초) : 풀, 거친 풀, 잡초, 황야, 풀숲, 시초, 초고, 초안, 초서, 암컷, 풀을 베다, 시작하다, 창조하다, 엉성하다, 미천하다 등의 뜻이 있으나 여기서는 '엉성하다'로 해석하였음.

* 昧(매) : 눈이 어둡다, 밝지 않다, 흐리다 등의 뜻이 있음.

* 草昧(초매) : 천지개벽의 처음 상태로 거칠고 어두운 상태의 세상을 말함.

* 寧(녕) : 편안하다, 편안히 하다, 문안하다, 친정 가다, 편안, 차라리, 어찌 등의 뜻이 있으나 여기서는 '편안히 하다'로 해석하였음.

* 屯(둔, 준) : 진을 치다, 수비하다, 진, 병영, 언덕, 구릉, 어렵다, 많다, 무리를 이루다, 견고하다, 험난하다, 태초 등의 뜻이 있으나 여기서는 '많다', '어렵다' 등의 뜻으로 해석하였음. 따라서 엄밀한 의미에서는 '준괘(屯卦)'로 읽어야 맞는데 우리는 관행상 '둔괘(屯卦)'로 읽는다.

※ 강(剛)과 유(柔)의 사귐 : 상괘(上卦)인 수(水)도, 하괘(下卦)인 뇌(雷)도 각각 중남(中男), 장남(長男)으로 모두 양괘(陽卦)이다. 그런데 강과 유가 사귄다는 말을 했는데, 이것이 무슨 말일까? 「서괘전(序卦傳)」에 "有天地, 然后万物生焉. 盈天地之间者唯万物, 故受之以《屯》.《屯》者, 盈也; 物之始生也."라고 했다. 곧, "천지가 존재한 연후에 만물이 생긴다. 천지 사이에 가득 차 있는 것은 오로지 만물인 고로 '둔'으로 받았다. '둔'이란 것은 가득 참이다. 만물의 생김이 시작한다."라는 인식이 전제되었다. 따라서 강은 중천건(重天乾)이요, 유는 중지곤(重地坤)을 말한다. 괘상(卦象)을 보고 말한 게 아니라 괘의 순서(順序)를 따져 말했다. 뜻밖이다. 다른 괘에서도 그럴까? 눈여겨볼 필요가 있다.

* 괘사(卦辭) : 亨. 匪我求童蒙, 童蒙求我 ; 初筮告, 再三
  瀆, 瀆則不告. 利貞.

* 蒙(몽) : 사리에 어둡다, 어리석다, 어리다, 무릅쓰다, 덮다, 받다, 속이다,
  입다, 몽골 등의 뜻이 있으나 여기서는 괘(卦)의 한 이름이지만 '어리석다',
  '어리다'로 해석하였음.

* 筮(서) : 점, 점대, 점치다 등의 뜻이 있으나 여기서는 '점대'로 해석하였음.

* 瀆(독) : 도랑, 더럽히다, 업신여기다, 깔보다, 버릇없이 굴다, 구멍 등의 뜻
  이 있으나 여기서는 '버릇없이 굴다'로 해석하였음.

* 亨(형) : 형통하다, 통달하다, 제사 올리다, 제사, 드리다, 음식을 올리다,
  음식을 삶다 등의 다양한 뜻이 있으나 '형통하다', '통달하다'로 해석하였
  음.

※ 서괘전(序卦傳)에서 '몽(蒙)'을 양육해야 하는 물체(막 생긴 만물)의 어림
  곧 '물지치(物之稚)'로 설명하였다(p. 353참조).

04 蒙

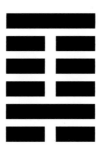

亨. 匪我求童蒙, 童蒙求我；初筮告, 再三瀆, 瀆則不告. 利貞.

《彖》曰：蒙, 山下有險, 險而止, 蒙. 蒙亨, 以亨行時中也. 匪我求童蒙, 童蒙求我, 志應也. 初筮告, 以剛中也. 再三瀆, 瀆則不告, 瀆蒙也. 蒙以養正, 聖功也.

'어려서 어리석은' 산수몽괘는 산(상괘) 아래에 험난함(하괘 덕성)이 있음이니 험함(하괘 덕성)에 머무름(상괘 덕성)이다. '산수몽괘가 형통하다' 함은 때를 맞추어 중도를 익숙하게 행함이다. '내가 어린아이의 어리석음을 구하는 것이 아니고 어린아이의 어리석음이 나를 원한다' 함은 (그) 의지가 작용한 것이다. 첫 점대는 강중으로 말한다. '두 번 세 번 버릇없이 굴면 곧 알려주지 않는다' 함은 버르장머리 없는 어림이라. 어림을 바르게 길러야 하는데 이것이 성인의 공(功)이다.

05 需

有孚, 光亨, 贞吉, 利涉大川.

《象》曰：需, 须也, 险在前也, 刚健而不陷, 其义不困穷矣. 需有孚, 光亨贞吉, 位乎天位, 以正中也. 利涉大川, 往有功也.

'성장을 기다리며 양육하는' 수천수괘는 기다림이고, 험난함이 앞에 있으나(상괘) 강건하여 빠지지 아니하며(하괘), 그 뜻이 곤궁하지 않다. '성장을 기다리며 양육하는 (과정에는) 믿음이 있고, 빛이 나고, 형통하며, 올바르게 함이 길하다' 함은 바른 중도로써 하늘 위치에 자리함이다(구이효). '큰 강을 건넘이 이로운 것'은 행함에 공로가 있음이다(구오효).

---

* 괘사(卦辭) : 有孚, 光亨, 貞吉, 利涉大川.

* 需(수) : 쓰이다, 쓰다, 구하다, 공급하다, 기다리다, 머뭇거리다, 기르다, 비가 긋다, 요구, 필요로 하는 물건, 반드시, 연하다, 부드럽다, 나약하다 등 다양한 뜻이 있으나 여기서는 '기르다', '기다리다'로 해석하였음.

* 須(수) : 모름지기, 틀림없이, 결국, 마침내, 드디어, 반드시, 잠깐, 본래, 수염, 마땅히 ~해야 한다, 필요하다, 기다리다 등의 뜻이 있으나 여기서는 '기다리다'로 해석하였음.

* 困窮(곤궁) : 물질적으로 가난하고 구차스러움이나 난처하고 딱한 처지를 말함.

* 陷(함) : 빠지다, 빠뜨리다, 움푹 파이다, 날조하다, 모함하다, 점령당하다, 함락당하다, 함정, 결함 등의 뜻이 있으나 여기서는 '빠지다'로 해석하였음.

* 구이효(九二爻)와 구오효(九五爻)가 괘사의 주인공이다. 다시 말하면, 이들을 중심으로 괘사가 붙었다는 뜻이다.

※ 서괘전(序卦傳)에 의하면 《需》者, 饮食之道也."라고 했다. 곧, 먹고 마시는 도(道)가 수(需)라면 이 수(需)는 단순한 기다림이 아니라 아직 어려서 존재하는 어리석음을 떨쳐내기 위해서 잘 성장하도록 먹여야 하는 양육(養育)의 의미가 포함되었다.

* **괘사(卦辭) : 有孚窒惕, 中吉 ; 终凶, 利见大人, 不利涉 大川.**
* **訟(송)** : 송사하다, 고소하다, 다투다, 쟁론하다, 신원하다, 꾸짖다, 자책하다, 드러내다, 버젓하다, 기리다, 송사, 용납하다, 받아들이다 등의 뜻이 있으나 여기서는 '송사하다', '다투다'로 해석하였음.
* **窒(질)** : 막다, 막히다, 멈추다, 그치다, 가득 차다, 메이다, 통하지 않다, 종묘의 문, 무덤의 문, 질소 등의 뜻이 있으나 여기서는 '막히다'로 해석하였음.
* **惕(척)** : 두려워하다, 근심하다, 삼가다, 빠르다, 신속하다, 놀라다, 사랑하는 모양 등의 뜻이 있으나 여기서는 '두려워하다'로 해석하였음.
* **成(성)** : 이루다, 이루어지다, 갖추어지다, 살찌다, 우거지다, 익다, 일어나다, 다스리다, 진보하다, 나아가다, 가지런하다, 고르게 하다, 끝나다, 정하여지다, 어른이 되다, 크다, 층계지다, 화해하다, 정성, 재판, 권형, 균형, 층계 등의 다양한 뜻이 있으나 여기서는 '끝나다'로 해석하였음.
* **淵(연)** : 못, 소, 웅덩이, 모이는 곳, 근원, 근본, 출처, 북소리, 깊다, 조용하다 등의 뜻이 있으나 여기서는 '웅덩이'로 해석하였음.
* **'得中(득중)', '中正(중정)', 正中(정중)이라는 용어에 대해서는 별도의 설명이 필요하다.(이 책의 p.p. 226~236페이지 참조.)**

※ 주역(周易)에서는 '利(이로움)'에도 '대리(大利)'가 있고 '소리(小利)'가 있고 '무유리(無有利)'가 있다. 그렇듯, '吉(길)'에도 '대길(大吉)'이 있고 '중길(中吉)'이 있다. 대개는 이 '中吉'을 '中道를 지키면 길하다'로 해석하는데 옳지 않다고 판단된다. 앞뒤 문맥상으로 보아도 그러하다.

06 讼

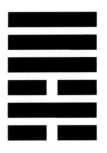

有孚窒惕, 中吉 ; 终凶, 利见大人, 不利涉大川.

《彖》曰：讼, 上刚下险, 险而健, 讼. 讼, 有孚、窒、惕、中吉, 刚来而得中也. 终凶, 讼不可成也. 利见大人, 尚中正也. 不利涉大川, 入于渊也.

'다투는' 천수송괘는 위에 강이 있고(상괘:건:부) 아래에 험함이 있음이니(하괘:감:중남), 험하되 튼튼하다. '다툼에 믿음과 막힘과 두려움이 있고, 중간 정도로 길하다' 함은 강(구이, 구오효)이 와서 중도를 얻음이라. '끝내 흉하다' 함은 다툼이 끝나지 않음이다. '대인을 만나는 게 이롭다' 함은 중도의 바름(구오효)을 숭상함으로써이다. '큰 강을 건너는 일이 불리하다' 함은 웅덩이로 들어감이다.

07 師

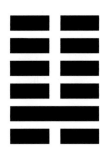

贞, 丈人吉, 无咎.

《彖》曰：师, 众也；贞, 正也. 能以众正, 可以王矣. 刚中而应, 行险而顺, 以此毒天下, 而民从之, 吉又何咎矣.

'많은 사람을 이끄는' 지수사괘는 무리이다. 곧고 바르다. 화목하게 지냄으로써 무리가 바르고, 왕과 마주 대하다. 강(양효:구이효)이 중도를 얻고 음효(육오효)가 호응하니, 험난함(하괘 덕성)으로 나아가나 순조롭고(상괘 덕성), 이로써 천하를 다스리니 백성이 따르고 길하니, 어찌 허물이 되겠는가.

* 괘사(卦辭) : 貞, 丈人吉, 无咎.

* 師(사) : 스승, 군사, 군대, 벼슬아치, 벼슬, 뭇사람, 신령, 전문적인 기예를 닦은 사람, 악관, 악공, 사자, 스승으로 삼다, 기준으로 삼고 따르다, 수효가 많다 등의 뜻이 있으나 여기서는 '뭇사람' 곧, '많은 수의 사람'으로 해석된다. 본문의 '民(민)'이 여기에 해당한다. 그리고 육효에서는 '그 많은 사람 가운데 장인(丈人:어른의 의미임)' 곧, 단사 본문 속의 '王(왕)'으로 해석된다.

* 能(능) : 능하다, 능히 할 수 있다, 기량을 보이다, 재능이 있다, 화목하게 지내다, ~할 수 있다, 응당 ~해야 한다, 능력, 재능, 인재, 에너지, 견디다 등의 뜻이 있으나 여기서는 '화목하게 지내다'로 해석하였음.

* 可(가) : 옳다, 허락하다, 듣다, 들어주다, 병이 낫다, 완쾌되다, 견디다, 마주 대하다, 쯤, 정도, 가히, 넉넉히, 어찌하랴 등의 뜻이 있으나 여기서는 '마주 대하다'로 해석하였음.

* 毒(독) : 독, 해독, 해악, 비참하고 참혹한 방법, 해치다, 죽이다, 유독하게 하다, 근심하다, 괴로워하다, 괴롭히다, 미워하다, 원망하다, 한탄하다, 거칠다, 난폭하다, 다스리다, 병을 고치다, 기르다, 키우다 등의 다양한 뜻이 있으나 여기서는 '다스리다'로 해석하였음.

※ 육효(六爻) 가운데 구이효(九二爻)만 양(陽)이고, 나머지 다섯 개 효는 모두 음(陰)이다. 그래서 이 양효(陽爻)를 기준으로 보면, 음효(陰爻)로 둘러싸인 유일한 군자(君子)로서 강중(剛中)을 얻은 자이기에 의욕적으로 상괘(上卦)인 감(坎)의 험난함 속으로 나아간다고 할지라도 그들이 순종함으로 일이 순조롭게 진행된다. 따라서 이 사괘(師卦)의 괘사는 오로지 구이효 주인공을 위해 붙여졌다고 할 수 있다.

* 괘사(卦辭) : 吉. 原筮, 元永贞, 无咎. 不宁方来, 后夫凶.

* 比(비) : 견주다, 비교하다, 본뜨다, 모방하다, 나란히 하다, 고르다, 가려 뽑다, 갖추다, 같다, 대등하다, 친하다, 친숙하다, 겨루다, 엮다, 편집하다, 돕다, 아첨하다, 편들다, 미치다, 줄을 서다, 접하다, 앞서다, 즐거워하다, 친하게 지내다, 맞다, 합당하다, 섞다, 조사하다, 비율, 순서, 차례, 이웃, 무리, 선례, 전례, 언제나, 자주, 위하여, 때문에 등 다양한 뜻이 있으나 여기서는 '친하게 지내다'로 해석하였음.

* 輔(보) : 돕다, 도움, 광대뼈, 바퀴의 덧방나무, 재상, 아전, 경기 등의 뜻이 있으나 여기서는 '도움'으로 해석하였음.

* 元筮(원서) : '원래의 점(占)', '본디 점'으로 해석하였음. '수지비(水地比) 라는 괘의 점이 본래 ~하다'라는 뜻으로 사용되었다고 판단했다.

* 方(방) : 모, 네모, 방위, 방향, 나라, 국가, 곳, 장소, 도리, 의리, 방법, 수 단, 술법, 방술, 처방, 약방문, 법, 규정, 쪽, 상대방, 목판, 둘레, 바야흐로, 장차, 두루, 널리, 모두, 함께, 본뜨다, 바르다, 견주다, 대등하다, 나란히 하다, 떳떳하다, 이삭이 패다, 차지하다, 헐뜯다, 거스르다, 거역하다 등 다 양한 뜻이 있으나 여기서는 '장차', '바야흐로'로 해석하였음.

* 夫(부) : 지아비, 남편, 사내, 장정, 일꾼, 군인, 선생, 사부, 부역, 저(3인 칭), 대저, ~도다, ~구나, 다스리다, 많다 등의 뜻이 있으나 여기서는 '많다' 로 해석하였음.

※ 수지비괘에서는 '서로 돕고, 서로 호응한다'라고 하는데 이는 상, 하괘의 관계를 두고 말함이다. 곧, 상괘인 감(坎)과 하괘인 곤(坤)은, 中男:母의 관계이고, 동시에 양괘:음괘의 관계이다.

08 比

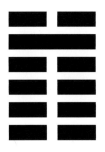

吉. 原筮, 元永贞, 无咎. 不宁方来, 后夫凶.

《象》曰：比, 吉也；比, 辅也. 下顺从也. 原筮, 元永
贞, 无咎, 以刚中也. 不宁方来, 上下应也. 後夫凶, 其
道穷也.

'친하게 지내며 돕는' 수지비괘는 (서로) 돕기에 길하다. 아래 (하괘:곤:모)가 순순히 따른다. '(수지비괘의) 원래 점이 근원적으로 오래도록 곧고, 허물이 없다' 함은 양효인 구오효가 중도를 얻음이다. '편안하지 않으나 바야흐로 온다' 함은 상하(상괘와 하괘:양괘와 음괘 관계)가 서로 호응함이다. '후에 흉이 많다.' 함은 그 도가 곤궁해짐이다.

09 小畜

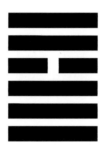

亨；密云不雨, 自我西郊.

《彖》曰：小畜, 柔得位而上下应之, 曰小畜. 健而巽, 刚中而志行, 乃亨. 密云不雨, 尚往也. 自我西郊, 施未行也.

'작은 힘으로 길들이는' 풍천소축괘는 유(음효)가 자리를 얻어(육사효) 위아래(이웃하는 양효들)가 호응함이니 (이를) 일러서 작은 힘으로 길들임이라고 한다. 튼튼하고(하괘 덕성) 겸손하며(상괘 덕성), 강(구이효, 구오효)이 중도를 얻고 뜻을 행하니 이내 형통하다. '구름은 많으나 비가 내리지 않는다' 함은 오히려 옮겨감이다. '내가 서쪽 교외에서 왔음'이란 베풂이 실행되지 않음이다.

* 괘사(卦辭) : 亨 ; 密云不雨, 自我西郊.

* 畜(축) : 짐승, 가축, 개간한 밭, 비축, 쌓다, 모으다, 쌓이다, 모이다, 간직
하다, 소장하다, 제지하다, 말리다, 기르다, 양육하다, 먹이다, 치다, 아끼
다, 사랑하다, 효도하다 등의 뜻이 있으나 여기서는 '기르다'로 해석하였
음. 우리가 통상적으로 '기르다, 먹이다, 치다'라고 할 때는 주로 사람이 아
니라 가축(家畜)이다.

* 尙(상) : 오히려, 더욱이, 또한, 아직, 풍습, 풍조, 숭상하다, 높다, 높이다,
자랑하다, 주관하다, 장가들다, 꾸미다, 더하다 등의 뜻이 있으나 여기서는
'오히려'로 해석하였음.

※ '小畜(소축)'이 있으면 '大畜(대축)'도 있다는 점을 염두에 두어야 한다.
소축은 '하늘 위에 바람'으로 풍천소축(風天小畜)이지만, 대축은 '하늘 위
에 산'으로 산천대축(山天大畜)이다. 문제는 이 '畜(축)'의 의미이며, 축
(畜)의 대상이 무엇인가이다. 이 두 가지 점을 염두에 두고 두 괘의 육효
사(六爻辭)를 면밀하게 읽어야 한다.
짐승이든 사람이든 기른다고 함은, 다시 말해, 사육(飼育) 또는 양육(養
育)한다 함은 기르는 주체의 목표 달성을 위하여 기르는 대상의 본능을
억제하고 제지하는 것이 기본이다. 그 억제하고 제지하는 수단이나 방법
은 소축괘에서처럼 음효가 부드럽게 스스로 순종함으로써 양효들이 함부
로 하지 않도록 하는 소극적인 방법으로부터 대축괘에서처럼 소가 뿔을
사용하지 못하도록 가로 막대를 대어 묶어놓는 적극적인 방법까지 있을
수 있다. 그리고 기르는 대상이 많으면 많을수록 재물이나 인재가 많아지
므로 억지하여 기른다는 단순한 의미가 '모여 쌓인다'라는 의미로까지 확
대 심화된다.

* 괘사(卦辭) : 履虎尾, 不咥人, 亨.

* 履(리) : 밟다, 신을 신다, 행하다, 겪다, 지위에 오르다, 신, 신발, 복, 복록, 행실, 행동, 밟는 땅, 영토, 예 등의 뜻이 있으나 여기서는 '밟다', '행하다', '자리에 오르다' 등으로 해석하였음. 밟으며 행함은 주로 예(禮)를 실천하는 일과 관련되어 있다. 이런 판단의 근거는 서괘전(序卦傳)에 있다.

* 咥(질, 희) : 크게 웃다, 크게 허허 웃다, 웃음소리, 깨물다, 물다, 씹다 등의 뜻이 있으나 여기서는 '물다'로 해석하였음.

* 구(疚) : 고질병, 오랜 병, 상, 거상, 병으로 오래 고생하다, 근심하다, 가난하다, 빈궁하다, 부끄러워하다, 꺼림하다, 해치다 등의 뜻이 있으나 여기서는 '근심하다'로 해석하였음.

※ 중도(中道)를 얻은 효는 구이효와 구오효이다. 그러함에도 불구하고, 하괘의 구이효에 초점이 맞추어져 있다. 하괘(下卦)인 유순한 택(澤)이 상괘(上卦)인 강건한 건(乾)에게 기쁨으로 예를 다하며, 구이효가 중도를 행하여 구오효의 미움을 살 법한데 그렇지 않다. 아마도, 리괘(履卦)이기 때문일 것이다.

10 履

履虎尾, 不咥人, 亨.

《彖》曰：履, 柔履剛也. 说而应乎乾, 是以履虎尾, 不咥人, 亨. 刚中正, 履帝位而不疚, 光明也.

'예(禮)를 행하는' 천택리괘는 유(하괘:태:소녀)가 강(상괘:건:부)의 지위에 오름이다. 기쁨으로(하괘 덕성) 건(상괘 덕성)에 호응하니 이로써 호랑이 꼬리를 밟아도 사람을 물지 않으니 형통하다. 강(구이효)이 중도를 바르게 행함이니 제왕의 자리에 올라 근심하지 않으니 밝게 빛나다.

11 泰

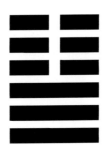

小往大来, 吉, 亨.

《象》曰：泰, 小往大来, 吉, 亨. 则是天地交而万物通也, 上下交而其志同也. 内阳而外阴, 内健而外顺, 内君子而外小人, 君子道长, 小人道消也.

'소통으로 안정되는', '지천태괘는 작은 것이 (올라) 가고(상 괘:곤:모), 큰 것이 (내려) 옴이니(하괘:건:부) 길하고 형통하 다' 함은 하늘과 땅이 교류하여 만물이 통함이라, 위아래가 교류하여 그 뜻이 같음이다. 안의 양과 바깥 음이, 안의 튼튼 함과 바깥의 순종이, 안의 군자와 바깥의 소인이 (교류하며 통하니) 군자의 도는 자라나고, 소인의 도는 사라진다.

* **괘사(卦辭) : 小往大来, 吉, 亨.**
* 泰(태) : 크다, 심하다, 편안하다, 교만하다, 너그럽다, 통하다, 술동이, 심히 등의 뜻이 있으나 여기서는 '편안하다', '통하다'로 해석하였음.
* 長(장) : 길다, 낫다, 나아가다, 자라다, 맏, 어른, 우두머리, 처음, 늘, 항상 등의 뜻이 있으나 여기서는 '자라다'로 해석하였음.
* 消(소) : 사라지다, 삭이다, 없애다, 녹이다, 줄어들다, 소모하다, 거닐다, 배회하다, 물러서다, 남몰래 행하다, 요구하다, 소갈, 소식, 음신 등의 뜻이 있으나 여기서는 '사라지다'로 해석하였음.

※ 乾을 陽, 健, 君子, 大로, 坤을 陰, 順, 小人, 小로 각각 빗대었음을 확인할 수 있다. 그리고 하늘이 위에 있고, 땅이 아래에 있어야 정상인 것 같은데 지천태(地天泰)에서 보듯이, 그 위치가 바뀌어야 소통이 되고 안정되는 것으로 이해했다. 정상적으로 천(天)이 위로 가고, 지(地)가 아래로 오면 '천지비(天地否)'가 되어 막힌 세상이 된다. 이점 착오 없기 바라며, 역(易)의 시각을 눈여겨볼 필요가 있다.

* 괘사 : **否之匪人, 不利, 君子贞 ; 大往小来.**

* 否(부, 비) : 아니다, 부정하다, 불가하다, 없다, ~느냐, 막히다, 곤하다, 비루하다, 악하다 등의 뜻이 있으나 여기서는 '막히다'로 해석하였음.

* 邦(방) : 나라, 서울, 수도, 제후의 봉토, 천하, 형, 윗누이, 제후를 봉하다, 여지를 주다 등의 뜻이 있으나 여기서는 '나라 간의 교류' 곧 '방교(邦交:국가 간의 교류, 소통)'로 해석하였음.

* 長(장)과 消(소) : 대비 관계를 잘 분별하면 해석이 쉬워짐. 장(長)은 점차 자라남이고, 소(消)는 점차 약해져 사라짐이다.

※ 앞의 '지천태(地天泰)'와 이 '천지비(天地否)'에서 보는 바와 같이 소통으로 안정되는 것은 군자지도가 점차 자라나기 때문이고, 막히어 소통되지 못함은 소인의 도가 점차 자라나기 때문이라는 이분법적 인식이 전제되었음을 간과해서는 아니 될 것이다.

12 否

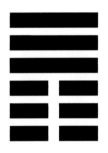

否之匪人, 不利, 君子贞；大往小来.

《象》曰：'否之匪人, 不利, 君子贞, 大往小来.' 则是天地不交而万物不通也, 上下不交而天下无邦也. 内阴而外阳, 内柔而外刚, 内小人而外君子. 小人道长, 君子道消也.

'막히는', '천지비괘는 사람이 아니고(불통은 사람의 길이 아니고), 불리하며, 군자가 곧으니 큰 것이 가고 작은 것이 온다' 함은 곧 천지가 교류하지 않고, 만물이 통하지 않음이니, 위아래가 교류하지 않고, 천하의 국가 간 교류가 없음이라. 안(하괘:곤:모)의 음과 밖(상괘:건:부)의 양이, 안의 유와 밖의 강이, 안의 소인과 밖의 군자가 (교류하지 않고 소통하지 않음이다). 소인의 도는 자라나고, 군자의 도는 약해진다.

13 同人

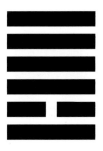

同人于野, 亨, 利涉大川, 利君子贞.

《彖》曰：同人, 柔得位得中, 而应乎乾, 曰同人. 同人曰「同人于野, 亨. 利涉大川.」乾行也. 文明以健, 中正而应, 君子正也. 唯君子为能通天下之志.

'뜻을 같이하는' 천화동인괘는 유(육이효)가 자리를 얻고 중도를 얻어 건(상괘)에 호응함을 일러서 '동인'이라 한다. 동인괘 괘사에서 말한 '광야에서 뜻을 같이하는 사람은 형통하고, 큰 강을 건넘이 이롭다' 함은 건의 움직임이다. 하늘의 섭리를 밝히어 튼튼하고, 중도의 바름이 호응하는 군자의 바름이다. 오직 군자(육이효)가 천하의 뜻과 통하여 화목하게 된다.

* 괘사(卦辭) : 同人于野, 亨, 利涉大川, 利君子貞.
* 同人(동인) : 뜻을 같이하는 사람.
* 能(능, 내) : 능하다, 능히 할 수 있다, 기량을 보이다, 재능이 있다, 화목하
  게 지내다, ~할 수 있다, 응당 ~해야 한다, 능력, 재능, 인재, 에너지, 견디
  다 등의 뜻이 있으나 여기서는 '화목하게 지내다'로 해석하였음.

※ 동인괘는 상괘(上卦) 건(乾)과 하괘(下卦) 리(離)의 조합인데 괘상(卦象)
  을 놓고 보면 육이효만 음효(陰爻)이고, 나머지 모두는 양효(陽爻)이다.
  이런 관계를 보고, 양괘가 음괘에 호응하는 것으로 판단하였다. 특히, 음
  효가 이효로서 유중(柔中)을 얻었고, 순종하기 때문에 나머지 양효들이
  모두 이에 호응하여 양효, 곧, 군자로서 세상을 화목하게 한다는 인식이
  깔려있다. 따라서 이 괘에서는 육이효와 다른 양효들의 관계에 초점이 맞
  추어져 괘사와 단사가 붙여진 것으로 판단된다.

* 괘사(卦辭) : 元亨.

* 大有(대유) : '크게 가짐', '많이 소유함', 혹은 '큰 것을 가짐'이란 뜻으로
해석해도 틀리지 않는다.

※ 대유괘(大有卦) 역시 동인괘(同人卦)와 마찬가지로 음효(陰爻)가 하나뿐
이고, 나머지 모두는 양효(陽爻)이다. 다만, 동인괘의 음효는 이효 자리
였는데 대유괘에서의 음효는 오효 자리임이 다르다. 오효는 이효보다 높
은 자리이기에 양효의 호응 정도가 다르다. 높은 지위인 오효가 뜻을 내
면 모든 양효가 그에 적극적으로 호응하는데 그것은 '의무'에 가깝다. 극
단적으로 말하면, 종속되는 관계라고 할 수 있다. 반면, 동인괘의 이효(二
爻)에게는 양효(陽爻)들이 뜻을 같이하는 정도로 응하는 '자발적인' 관계
이다. 그만큼, 결속력은 상대적으로 약하다고 볼 수도 있다. 하늘 위에 불
이 있으면 그만큼 널리 비출 수 있고, 그만큼 멀리서 모여들 수 있으며,
그만큼 불의 영향력이 클 것이다. 그러지 않고, 하늘 아래 불이 있으면 빛
이 닿는 영역이 줄어들고, 영향력이 줌으로 가까이 있는 자들이나 모여들
고 따를 것이다. 밝은 불이 하늘 위에 있느냐, 아래에 있느냐에 따라서 그
의미가 달라짐을 이렇게 빗대면 기억하기 쉬우리라 본다.

14 大有

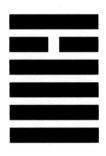

元亨.

《象》曰：大有, 柔得尊位, 大中而上下应之, 曰大有. 其德刚健而文明, 应乎天而时行, 是以元亨.

'많이 소유하는' 화천대유괘는 유(상괘:리:중녀:육오효)가 존귀한 자리와 위대한 중도를 얻어 위아래가 호응하니 이를 일러 '대유'라고 한다. 그 덕이 강건하고, 이치를 밝히니(상괘:리) 하늘(하괘:건)이 때맞추어 호응함으로써 크게 형통하다.

15 谦

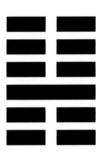

亨, 君子有终.

《象》曰：谦亨, 天道下济而光明, 地道卑而上行. 天道亏盈而益谦, 地道变盈而流谦, 鬼神害盈而福谦, 人道恶盈而好谦. 谦尊而光, 卑而不可逾, 君子之终也.

‘자신을 낮추어 겸손한’, ‘지산겸괘가 형통하다’ 함은 하늘의
도가 아래로 밝게 비추어 제도하고, 땅의 도는 낮아서 위로
나아감이다. 천도가 가득 찬 것을 기울여 겸손에 보태주고,
지도가 가득 찬 것을 변화시켜서 겸손에 흐르게 하고, 귀신
이 가득 찬 것을 해치어 겸손을 복되게 하며, 사람의 도가 가
득 찬 것을 싫어하고 겸손을 좋아한다. 겸손은 존귀하고 빛
나며, 낮으나 넘을 수 없어 군자의 완성이다.

* 괘사(卦辭) : 亨, 君子有終.

* 謙(겸, 겁, 혐) : 겸손하다, 겸허하다, 사양하다, 공경하다, 흡족하다, 만족하다, 혐의, 의심하다, 꺼리다 등의 다양한 뜻이 있으나 여기서는 '겸손하다'로 해석하였음.

* 虧(휴) : 이지러지다, 부족하다, 줄다, 기울다, 모자라다, 탄식하다, 저버리다, 배신하다, 손해, 유감스럽게도, 다행히, 덕분에, 실례하지만, ~이면서도 등의 뜻이 있으나 여기서는 '기울다', '줄다' 등으로 해석하였음.

* 踰(유, 요) : 넘다, 지나가다, 뛰다, 더욱, 멀다, 아득하다 등의 뜻이 있으나 여기서는 '넘다'로 해석하였음.

* 終(종) : 마치다, 끝내다, 사람이 죽다, 다하다, 이루어지다, 완성되다, 채우다, 상당하다, 끝, 마지막, 항상, 늘, 마침내, 결국, 비록 등의 뜻이 있으나 여기서는 '완성되다'로 해석하였음.

* 괘사(卦辭) : 利建侯行師.

* 豫(예) : 미리, 앞서, 먼저, 기뻐하다, 편안하다, 즐기다, 놀다, 유람하다, 게으르다, 머뭇거리다, 망설이다, 싫어하다, 참여하다, 속이다, 미리하다, 대비하다, 간섭하다, 펴다 등의 뜻이 있으나 여기서는 '기뻐하다'로 해석하였음.

* 淸(청) : 맑다, 깨끗하다, 탐욕이 없다, 빛이 선명하다, 사념이 없다, 분명하다, 한가하다, 고요하다, 끝장을 내다, 거스르다, 차갑다, 한랭하다, 맑은 술, 꿀, 뒷간 등의 뜻이 있으나 여기서는 '분명하다'로 해석하였음.

* 뇌지예괘(雷地豫卦)에서 주인공은 구사효(九四爻)이다. 나머지 효들은 모두 음(陰)인데 이 구사효만 양(陽)이다. 모두가 여자들인데 이 구사효만 남자인 셈이다. 이 남자가 여자들의 뜻을 받들어서 다시 말해, 호응하여 제후로서, 군사를 움직이는 막중한 임무를 수행하는 자이다. 특히, 유중(柔中)을 얻은 육오효(六五爻)의 뜻을 받들어서 자신의 능력을 발휘하는 신하이다.

※ 이 단사(彖辭) 내용에서 확인할 수 있듯이 단사 집필자는 하늘과 땅의 관계인 '강유(剛柔) 건순(健順)'이 군자와 백성 사이에, 성인과 군자 사이의 관계가 됨을 매우 좋아한다. 흔히, 우리가 말하는 '음양의 조화'라는 것도 따지고 보면 이 '강유(剛柔) 건순(健順)'의 관계일 뿐이다. 유가(儒家) 사상의 대표자 격인 공자는 인간에게 그 무엇보다 '순종(順從)'을 중요시했던 것 같다. 오늘을 사는 현대인이 가장 싫어하는 것이 바로 이 순종이지만 말이다. 누구나 군림하고 명령하기를 좋아하면서 상대방에게는 순종을 요구하는 모순의 존재가 바로 인간이 아닌가 싶다.

16 豫

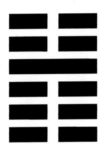

利建侯行师.

《彖》曰：豫, 刚应而志行, 顺以动, 豫. 豫顺以动, 故天地如之, 而况建侯行师乎？天地以顺动, 故日月不过而四时不忒；圣人以顺动, 则刑罚清而民服. 豫之时义大矣哉.

'기뻐하는', 뇌지예괘는 강(구사효)이 유(육오효)에 응하여 뜻을 행하고, 순종하며(하괘 덕성) 움직이니(상괘 덕성) 기뻐함이다. 먼저, 순종함으로써 움직이는 고로 천지와 같은데 하물며, 제후를 세우고 군사를 움직임에랴. 천지는 순종으로써 움직이기에 해와 달이 지나치지 않고, 사시가 어긋나지 않는다. 성인이 순종으로써 움직인즉 형벌이 분명하니 백성이 복종한다. 뇌지예괘 때의 뜻이 크구나!

17 随

元, 亨, 利, 贞, 无咎.

《象》曰：随, 刚来而下柔, 动而说, 随. 大亨贞无咎, 而天下随时. 随时之义大矣哉.

'따르는', 택뢰수괘는 강(하괘:진:장남)이 와서 유(상괘:태:소녀)에게 자기를 낮추고, 움직이어(하괘 덕성) 기쁘니(상괘 덕성) '수괘'라 한다. 크게 형통하고 곧으니 무구하고, 천하가 때를 따른다. 수괘의 때를 따르는 뜻이 크구나!

* 괘사(卦辭) : 元, 亨, 利, 贞, 无咎.

* 隨(수, 타) : 따르다, 추종하다, 부화하다, 좇다, 추구하다, 발, 발꿈치, 따라서, 즉시, 게으르다, 타원형 등의 뜻이 있으나 여기서는 '따르다'로 해석하였음.

* 下(하) : 아래, 밑, 뒤, 끝, 임금, 귀인의 거처, 아랫사람, 천한 사람, 하급, 열등, 내리다, 낮추다, 자기를 낮추다, 못하다, 없애다, 제거하다, 물리치다, 손대다, 착수하다, 떨어지다, 항복하다 등의 뜻이 있으나 여기서는 '자기를 낮추다'로 해석하였음.

* **괘사(卦辭) : 元亨, 利涉大川 ; 先甲三日, 后甲三日.**
* **蠱(고, 야)** : 뱃속벌레, 기생충, 곡식벌레, 악기, 독기, 굿, 정신병, 일, 미혹하게 하다, 주문을 외다, 의심하다, 요염하다, 아름답다 등의 뜻이 있으나 여기서는 '일'로 해석하였음. 일은 일이로되 좋지 못한 일을 처리, 해결하는 일이다. 그래서 사람들은 대개 이 고(蠱)를 '부패 개혁'으로 해석한다. 요즈음 말로 치면 '적폐(積弊)를 청산하는 일'에 가깝다. 앞선 시대 곧 과거로부터 쌓였던 좋지 못한 일을 정리하고 청산하는 일이 곧 고(蠱)라고 하는데 이는 각 효사를 해석, 음미하면서 확인해 볼 필요가 있다.
* **甲(갑)** : 갑옷, 딱지, 껍질, 첫째, 아무개, 손톱, 첫째 천간, 첫째가다, 싹이 트다, 친압하다 등의 뜻이 있으나 여기서는 '시작하다'로 해석하였음. '선갑삼일(先甲三日)'과 '후갑삼일(後甲三日)'이라는 용어가 갖는, 중국인이 부여한 의미에 관해서는 별도의 설명이 필요하다. 갑은 첫째 천간(天干)을 의미하지만, 이 갑이 순서와 순위를 말하는 데에도 쓰인다.

그리고 '종즉유시(終則有始)'라는 용어에 관해서도 보충설명이 필요하다. '끝마치면 곧 시작이 있다'라는 이 말은, 주역을 공부한 사람들이 갖는 일종의 천도(天道) 곧 하늘의 움직임과 관련된 말이다. 하늘이 그렇듯 인간사도 그러하다는 인식이 반영되었다. 시작이 있으면 끝이 있고, 끝이 나면 반드시 다시 시작된다는 불교의 가치관과도 맥을 같이하는데 주역에서는 음과 양의 관계를 통해서 자연현상의 이치를 설명하는 말이다. '영허(盈虛:차고 빔)', '시종(始終:처음과 끝)'이라는 단어도 이와 관련되어 있다.

18 蛊

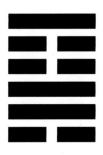

元亨, 利涉大川 ; 先甲三日, 后甲三日.

《彖》曰 : 蛊, 刚上而柔下, 巽而止, 蛊. 蛊元亨, 而天下治也. 利涉大川, 往有事也. 先甲三日, 後甲三日, 终则有始, 天行也.

'적폐청산을 도모하는', 산풍고괘는 강이 올라가고(상괘:간:
소남) 유가 내려오니(하괘:손:장녀) 겸손으로(하괘 덕성) 멈춤
이(상괘 덕성) 고괘이다. '고괘가 크게 형통하다'함은 천하를
다스림에 있다. '큰 강을 건넘이 이롭다' 함은 가면 일이 있음
이다. '일을 시작하기 전 3일(과거)과 일을 시작하고 나서 3
일(미래)을 (신중하게 함)'이란 끝마치는 즉 시작하는데 (이것
이) 하늘의 움직임이기 때문이다.

19 臨

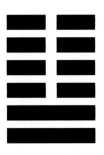

元, 亨, 利, 貞. 至于八月有凶.

《彖》曰：臨, 剛浸而長, 說而順, 剛中而应, 大亨以正,
天之道也. 至于八月有凶, 消不久也.

'다가가는' 지택림괘는 강이 스며들 듯 나아가 자라나고(구이효), 기쁨으로(하괘 덕성) 순종하며(상괘 덕성), 강중(구이효)이 응하니 바름으로써 크게 형통한데 (이것이 바로) 천하의 도이다. '8월에 이르면 흉이 있다' 함은 오래지 않아 (양이) 소멸함이다.

* 괘사(卦辭) : 元, 亨, 利, 貞. 至于八月有凶.
* 臨(임) : 임하다, 내려다보다, 다스리다, 통치하다, 대하다, 뵙다, 비추다, 본떠 그리다, 접근하다, 지키다, 치다, 공격하다, 곡하다, 장차, 임시, 병거 등의 뜻이 있으나 여기서는 '접근하다'로 해석하였음.
* 浸(침) : 잠기다, 담그다, 번지다, 물에 적시다, 스며들다, 젖게 하다, 씻다, 헹구다, 깊다, 나아가다, 물을 대다, 자세히 보다, 친하게 다르다, 범하다, 연못, 점점, 차츰 등의 뜻이 있으나 여기서는 '나아가다'로 해석하였음.

※ '12피괘설'에 의하면 이 지택림괘는 절기(節氣) '대한(大寒)'이 있는 음력 12월 괘이다. 8월이 되면 추분(秋分)이 있는 풍지관괘가 된다. 이 풍지관 괘에서부터 상괘(上卦)의 양효가 하나씩 점차 음효로 바뀌어 간다. 양효는 군자지도(君子之道), 음효는 소인지도(小人之道)라는 등식으로 해석하기 때문에 이런 설명이 붙지 않았나 싶다(p.269 참조).

* **괘사(卦辭) : 盥而不荐, 有孚顒若.**
* 觀(관) : 보다, 보이게 하다, 보게 하다, 나타나다, 점치다, 모양, 용모, 생각, 누각, 황새 등의 뜻이 있으나 여기서는 '보다', '나타나다(보이다)'로 해석하였음.
* 盥(관) : 대야, 강신제, 깨끗하다, 씻다, 양치질하다 등의 뜻이 있으나 여기서는 '씻다'로 해석하였음.
* 荐(천, 진) : 천거하다, 드리다, 올리다, 늘어놓다, 진술하다, 깔다, 우거지다, 견뎌내다, 줄곧, 계속, 거듭, 자리 깔개, 거적, 꼴, 꽂다, 끼우다 등의 뜻이 있으나 여기서는 '올리다'로 해석하였음.
* 顒(옹) : 엄숙하다, 크다, 힘세다, 우러르다, 엄정한 모양, 큰 머리통 등의 뜻이 있으나 여기서는 '엄숙하다'로 해석하였음.
* 服(복) : 옷, 의복, 일, 한 번에 마시는 약의 분량, 직책, 직업, 일용품, 전통(화살을 넣어두는 통), 수레를 끄는 말, 올빼미, 구역, 옷을 입다, 좇다, 따르다, 차다, 몸에 매달다, 멍에를 메우다, 복종하다, 뜻을 굽히다, 겸양하다, 두려워하다, 항복하다, 익숙해지다, 물러나다, 사용하다, 복을 입다, 약을 먹다, 일하다, 행하다, 잡다, 쥐다, 다스리다, 제 것으로 하다, 들어맞다, 합당하다, 생각하다 등 다양한 뜻이 있으나 여기서는 '따르다'로 해석하였음.

20 观

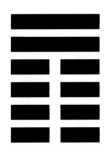

盥而不荐, 有孚顒若.

《彖》曰：大观在上, 顺而巽, 中正以观天下. 观, 盥而不荐, 有孚顒若, 下观而化也. 观天之神道, 而四时不忒；圣人以神道设教, 而天下服矣.

'볼 것을 바르게 보는' 풍지관괘는 훌륭하고 장대한 볼거리(구오효)가 위에 있고, 순종하며(하괘 덕성) 공손하고(상괘 덕성), 중도의 바름으로써 천하를 본다(구오효). '풍지관이 (손을) 씻고 (제사상에 음식을) 올리지 않은 것과 같은 믿음이 있기에 엄숙하다' 함은 아랫사람들에게 보이게 하여 교화함이다. 하늘의 신묘한 도를 보면 사시가 어긋나지 않으니 성인이 (그) 신묘한 도로써 가르침을 베풀어야 천하가 따른다.

21 噬嗑

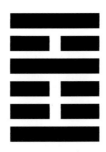

亨, 利用狱.

《象》曰：颐中有物, 曰噬嗑. 噬嗑而亨, 刚柔分, 动而明, 雷电合而章. 柔得中而上行, 虽不当位, 利用狱也.

'껄끄러운 존재(범법자)를 다스리는' 화뢰서합은 턱 안에 이물질(음식물→범법자)이 있음을 일컫는다. '서합이 형통하다' 함은 강(양효)과 유(음효)가 나뉘고, 움직이되(하괘 덕성) 밝으며(상괘 덕성), 우레(하괘)와 번개(상괘)가 합하여 성하다. 유가 중도를 얻어서 위로 행하고, 비록, 자리가 부당하나 감옥을 사용함이 이롭다(육오효).

* 괘사(卦辭) : 亨, 利用獄.
* 噬(서) : 씹다, 먹다, 깨물다, 삼키다, 빼앗다, 미치다, 다다르다 등의 뜻이
  있으나 여기서는 '씹다'로 해석하였음.
* 嗑(합, 갑) : 입 다물다, 웃음소리, 어찌, 말이 많다, 수다스러운 모습 등의
  뜻이 있으나 여기서는 '입 다물다'로 해석하였음.
* 頤(이) : 턱, 아래턱, 기르다, 보양하다, 부리다, 이사하다 : 턱으로 부리다
  등의 뜻이 있으나 여기서는 '턱'으로 해석하였음.
* 章(장) : 글, 문장, 악곡의 단락, 시문의 절, 구별, 기, 표지, 모범, 본보기,
  조목, 법, 법식, 문채, 무늬, 도장, 인장, 큰 재목, 형체, 허둥거리는 모양,
  크다, 성하다, 밝다, 밝히다, 나타나다, 드러나다 등의 뜻이 있으나 여기서
  는 '성하다'로 해석하였음.
* 噬嗑(서합) : '서합(噬嗑)'이란 단어는 매우 생소하고, 잘 쓰이지 않는 말이
  다. 실제로 이 단어가 어떤 의미로 쓰였는지는 이 괘사(卦辭)와 단사(彖辭)
  외에 육효사(六爻辭)와 상사(象辭)를 통해서 판단해야 한다. 따라서 별도
  의 글이 필요하다(이 책의 p.p. 270~276 참조).

※ '강(剛)과 유(柔)가 나뉘었다'라고 했는데 이는 초구효와 상구효 사이에
  있는 중효(中爻)들이 음효(陰爻)와 양효(陽爻)로 분리되어 섞이어있다는
  뜻이 아닌가 싶다. 처음엔 하괘(下卦)와 상괘(上卦)와의 관계를 말한 것이
  아닌가 생각해 보았으나 턱으로 빗대어지는 상구효(上九爻)와 초구효(初
  九爻) 사이의 음·양효를 일컫는 것으로 판단된다.

* 괘사(卦辭)：亨, 小利, 有攸往.

* 奔(분, 비)：크다, 거대하다, 달리다, 날래다, 아름답다, 큰 북, 꾸미다, 장식하다, 섞이다, 순수하지 않다, 노하다, 성내다, 결내다, 끓다, 패배하다 등의 뜻이 있으나 여기서는 '꾸미다', '장식하다'로 해석하였음.

* 文(문)：글월, 문장, 어구, 글자, 서책, 문체, 채색, 빛깔, 무늬, 학문이나 예술, 법도, 예의, 조리, 현상, 산문, 결, 나뭇결, 얼룩, 반점, 신발 치수, 아름다운 외관, 빛나다, 화려하다, 아름답다, 선미하다, 몸에 새기다, 꾸미다, 입묵하다, 어지러워지다 등의 뜻이 있으나 여기서는 '꾸미다', '법도' 등으로 해석하였음.

* 利(이)：이롭다, 이롭게 하다, 유익하다, 편리하다, 통하다, 날카롭다, 이기다, 날래다, 탐하다, 이자, 이익, 승전 등의 뜻이 있으나 여기서는 '이롭다', '유익하다'로 해석하였음. 주역에서는 이 '이(利)'를 가지고도 ①소리(小利) ②불리(不利) ③대리(大利) ④무불리(無不利) 등으로 구분해 썼다. 중국인이 얼마나 이해타산(利害打算)에 밝은지 알 수 있는 대목이다.

※ 이 단사(彖辭)에서 한 가지 중요한 사실을 확인할 수 있다. 이 산화비괘는 간괘(艮卦) + 리괘(離卦)인데, 간괘를 곤괘(坤卦)에서 상효(上爻) 하나가 양효로 바뀐 셈인데 이를 두고 건괘(乾卦)의 양효가 올라왔다고 판단한 점이다. 그렇듯, 리괘를 건괘의 이효가 음효로 바뀐 셈인데 이를 두고 곤괘의 음효가 내려왔다고 판단한 점이다. 이 문제는 사상(四象)이 어떻게 팔괘(八卦)를 낳았는지와 관련되어 있다. 대다수 사람은 태극이 양의를 낳고, 양의가 사상을 낳고, 사상이 팔괘를 낳고, 팔괘가 64괘를 낳았다고 하는 역(易)의 주장을 아무런 이의 없이 받아들이는데 여기에는 일관된 질서가 적용되지 않고 있다. 따라서 문제가 제기되어야 마땅한데 의심의 여지 없이 지나치고 만다. 이 문제도 별도의 글이 필요하다(이 책의 p.p. 281~289 참조).

22 賁

亨, 小利, 有攸往.

《彖》曰：賁, 亨, 柔来而文刚, 故亨；分刚上而文柔, 故小利有攸住, 天文也；文明以止, 人文也. 观乎天文, 以察时变；观乎人文, 以化成天下.

'꾸미어 빛나게 하는', 산화비괘가 '형통하다' 함은 유(육이효)가 와서 강(초구효 & 구삼효)을 꾸미어 빛나게 하고, (그) 형통한 이유인즉 강(양효)이 나뉘어 위로 가서(상구효) 유(육오효)를 꾸며줌이다. 그러므로 '갈 바가 있으면 조금 이롭다' 하는 것은 하늘의 법도이기 (때문이다). 이치를 밝힘(하괘 덕성)으로써 머물러(상괘 덕성) 사람의 법도가 (됨)이다. 하늘의 법도를 꿰뚫어 보고, 때의 변화를 살핌으로써 사람의 법도를 관찰하여, 이로써 천하를 변화시켜 완성한다.

23 剥

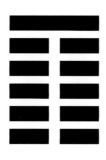

不利有攸往.

《象》曰：剥, 剥也, 柔变刚也. 不利有攸往, 小人长也. 顺而止之, 观象也. 君子尚消息盈虚, 天行也.

'깎아 벗겨 없애는', 산지박괘는 깎아 없앰이라, 유(음효)가 변하여 강(양효)을 변화시킴이다. '갈 바가 있어 불리하다' 함은 소인이 자라남이다. 순종하고(하괘 덕성) 멈춤(상괘 덕성)이 괘상의 모습이다. 군자(양효)가 사라지고 자라나고, 차고 빔을 숭상함이 (곧) 하늘의 움직임(작용)이다.

* 괘사(卦辭) : 不利有攸往.

* 剝(박) : 벗기다, 벗겨지다, 깎다, 다치다, 상하다, 두드리다, 떨어뜨리다, 찢다 등의 뜻이 있으나 여기서는 '깎다', '벗기다'로 해석하였음.

* 尙(상) : 오히려, 더욱이, 또한, 아직, 풍습, 풍조, 숭상하다, 높다, 높이다, 자랑하다, 주관하다, 장가들다, 꾸미다, 더하다 등의 뜻이 있으나 여기서는 '숭상하다'로 해석하였음.

* 息(식) : 숨을 쉬다, 호흡하다, 생존하다, 살다, 생활하다, 번식하다, 자라다, 키우다, 그치다, 그만두다, 망하다, 호흡, 숨, 아이, 자식, 이자, 군더더기 살, 여관, 휴게소 등의 뜻이 있으나 여기서는 '자라다'로 해석하였음. '消息과 盈虛'로 나누어 보면 消(소)와 息(식)이, 盈(영)과 虛(허)가 각각 반대말로 이루어진 말이기 때문이다.

* 괘사(卦辭) : 亨. 出入无疾, 朋来无咎. 反复其道, 七日来
  复. 利有攸往.
* 復(복, 부) : 회복하다, 돌아가다, 돌아오다, 돌려보내다, 되돌리다, 고하다,
  초혼하다, 은혜나 원한을 갚다, 겹치다, 중복되다, 되풀이하다, 채우다, 보
  충하다, 머무르다, 가라앉다, 뒤집다, 대답하다, 실천하다, 이행하다, 덜다,
  제거하다, 면제하다, 성하다, 사뢰다, 다시, 거듭하여, 거듭하다 등의 뜻이
  있으나 여기서는 '돌아오다'로 해석하였음.
* 疾(질) : 병, 질병, 괴로움, 아픔, 흠, 결점, 불구자, 높은 소리, 해독을 끼치
  는 것, 빨리, 급히, 병을 앓다, 걸리다, 괴롭다, 괴로워하다, 해치다, 해롭게
  하다, 근심하다, 나쁘다, 불길하다, 미워하다, 증오하다, 꺼리다, 시기하다,
  빠르다, 신속하다, 진력하다, 민첩하다 등의 뜻이 있으나 여기서는 '흠'으
  로 해석하였음.

※ '12피괘설'에 입각한 설명이다. 따라서 12피괘설에 관한 이해가 전제되
  어야 한다. 이에 대해서는 「12피괘설이란 무엇인가」라는 별도의 글을 참
  고하시기 바람(p.p. 266~269 참조).

24 复

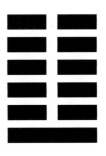

亨. 出入无疾, 朋来无咎. 反复其道, 七日来复. 利有攸往.

《彖》曰：复亨, 刚反, 动而以顺行, 是以出入无疾, 朋来无咎. 反复其道, 七日来复, 天行也. 利有攸往, 刚长也. 复, 其见天地之心乎?

'돌아오는' 지뢰복괘가 '형통하다' 함은 강(양효)이 되돌아옴이고(초구효), 움직이되(하괘 덕성) 순종(상괘 덕성)함으로써 들고나옴에 흠이 없고, 벗이 와서 무구하다. '그 도가 되돌아옴이니 7일에 돌아온다' 함은 하늘의 움직임이다. '갈 바가 있어서 이롭다' 함은 강이 자라남이다. 지뢰복괘, 그 천지의 마음[질서]을 보여 줌인가?

25 无妄

元亨, 利贞. 其匪正有眚, 不利有攸往.

《彖》曰：无妄, 刚自外来, 而为主於内. 动而健, 刚中而应, 大亨以正, 天之命也. 其匪正有眚, 不利有攸往, 无妄之往, 何之矣? 天命不佑, 行矣哉?

'망령됨이 없는' 천뢰무망괘는 강(양효)이 밖(상괘:건)으로부터 와서 안(하괘, 내괘)의 주인이 된다(초구효). 움직이되(하괘 덕성) 튼튼하고(상괘 덕성), 강이 중도를 얻어 호응하며(구오효), 바름으로써 크게 형통한데 (이는) 하늘의 명령[뜻]이다. '그 바름이 아니고 잘못이 있으니, 갈 바가 있어도 불리하다' 함은 무망괘가 나아가면 어디로 가겠는가? 하늘이 돕지 않는데 나아갈 수나 있겠는가(없다).

* 괘사(卦辭) : 元亨, 利貞. 其匪正有眚, 不利有攸往.
* 妄(망) : 망령되다, 어그러지다, 허망하다, 헛되다, 속이다, 잊다, 잊어버리
  다, 거짓, 제멋대로, 함부로, 대개, 모두, 널리 등의 뜻이 있으나 여기서는
  '망령되다'로 해석하였음.
* 眚(생) : 흐리다, 눈에 백태 끼다, 덜다, 잘못, 재앙 등의 뜻이 있으나 여기
  서는 '잘못'으로 해석하였음.

* 괘사(卦辭) : 利贞 ; 不家食, 利涉大川.

* 畜(축, 휵) : 짐승, 가축, 개간한 밭, 비축, 쌓다, 모으다, 쌓이다, 모이다, 간직하다, 소장하다, 제지하다, 기르다, 양육하다, 먹이다, 치다, 아끼다, 사랑하다, 효도하다, 부지런히 힘쓰는 모양 등의 뜻이 있으나 여기서는 '제지하다', '기르다'로 해석하였음.

* 篤(독) : 도탑다, 두터이 하다, 진심이 깃들어있다, 전일하다, 순일하다, 단단하다, 건실하다, 살피다, 감독하다, 병이 위중하다, 고생하다, 매우, 몹시 등의 뜻이 있으나 여기서는 '진실하다'로 해석하였음.

* 篤實(독실) : 진실하고 정성스러우며 극진하다.

26 大畜

利贞；不家食, 利涉大川.

《彖》曰：大畜, 刚健笃实辉光, 日新其德, 刚上而尚贤. 能止健, 大正也. 不家食吉, 养贤也. 利涉大川, 应乎天也.

'크게 제지하여 기르는' 산천대축괘는 굳세고 튼튼함(하괘 덕성)이 독실하여 빛나고, 그 덕을 날마다 새롭게 하니 강(양 효:상구효)이 위로 가서 현인(육오효)을 숭상한다. 머물고(상 괘 덕성) 튼튼함(하괘 덕성)이 크게 바르다. '집밥을 먹지 않 음이 길하다' 함은 현인을 양성함이며, '큰 강을 건넘이 이롭 다' 함은 하늘이 호응함이다.

27 颐

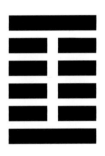

贞吉；观颐, 自求口实.

《象》曰：颐贞吉, 养正则吉也. 观颐, 观其所养也；自求口实, 观其自养也. 天地养万物, 圣人养贤以及万民. 颐之时大矣哉.

'길러내는', 산뢰이괘가 '곧고 길하다' 함은 바르게 양성하는 즉 길함이다. '길러냄을 관찰한다' 함은 그 양성하는 바를 관찰함이고, '스스로 먹을 것을 구함'이란 자기 양성을 관찰함이다. 천지가 만물을 기르듯이 성인이 현인을 양성함으로써 만민에게 미친다. 길러낸다는 때의 의미가 크구나!

* 괘사(卦辭) : 贞吉 ; 观颐, 自求口实.

* 頤(이) : 턱, 기르다, 보양하다, 부리다, 이사하다:턱으로 부리다, 사람을 마음대로 부리다 등의 뜻이 있으나 여기서는 '기르다'로 해석하였음.

※ 상, 하괘의 덕성이나 음, 양효의 관계 등을 전혀 설명하지 않은 단사이다. 다만, 초구효와 상구효만 양이고, 나머지는 모두 음효이다. 마치, 튼튼한 두 양효(성인)가 부드러운 네 음효(현인)를 가두어 놓고 기르는, 훈육하는 모습으로 해석할 수 있다.

* 괘사(卦辭)∶栋橈 ; 利有攸往, 亨.

* 過(과) : 지나다, 지나는 길에 들르다, 경과하다, 왕래하다, 초과하다, 지나
치다, 분수에 넘치다, 넘다, 나무라다, 옮기다, 허물, 잘못 등의 뜻이 있으
나 여기서는 '초과하다'로 해석하였음.

* 棟(동) : 용마루, 마룻대 등의 뜻이 있음.

* 橈(요) : 굽다, 굽히다, 구부리다, 세력을 약화시키다, 꺾어지다, 굴복하여
따르다, 휘다, 부드럽다, 흐트러지다, 어지럽히다, 억울하게 만들다, 노,
배, 번영하다 등의 뜻이 있으나 여기서는 '휘다', '구부러지다' 뜻으로 해석
하였음.

※ 澤+風으로 이루어진 大過卦를 괘상(卦象)에서 보면, 초효(初爻)와 상효
(上爻)만 음효(陰爻)이고, 그 사이에 있는 나머지 효들은 모두 양효(陽爻)
이다. 이런 모양새를 보고서 큰 것이 초과되었다고 해서 '대과(大過)'라는
말을 사용했다. 이때 큰 것[大]을 두고서 양(陽)이니 강(剛)이니 말을 바꾸
어 표현했을 뿐이다. 그러니까, '陽=剛=大'라는 등식으로 설명한 것이다.
그렇다면, 이와 반대되는 괘상(卦象)도 있을 수 있다. 초효와 상효만 양효
이고 그 사이에 있는 모든 효가 음효로 구성되는 괘 말이다. 그것이 바로
산뢰이괘(山雷頤卦)이다. 그렇다고, 음(陰=小=柔)이 초과했다고 말하지
는 않는다. 산뢰이괘 단사(彖辭) 내용과 직접 비교해 보면 단사(彖辭)의
특징 한 가지가 가늠되리라 본다.

28 大过

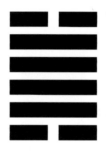

栋桡；利有攸往, 亨.

《象》曰：大过, 大者过也. 栋桡, 本末弱也. 刚过而中,
巽而说行, 利有攸往, 乃亨. 大过之时大矣哉.

'큰 것이 초과하는', 택풍대과괘는 큰 것(양효)이 지나치게 많음이다. '용마루가 휜다' 함은 본말(시작과 끝=본체)이 약함이다. 강(양효)이 초과하여 중효(초효와 상효를 제외한, 그 사이에 있는 효)를 이룸이니 공손하고(하괘 덕성) 기쁨으로 행하며(상괘 덕성), '갈 바가 있어 이롭다' 함은 이내 형통해짐이다. 큰 것이 지나치는 대과괘 때의 의미가 크구나!

29 坎

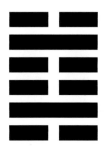

有孚, 维心亨, 行有尚.

《象》曰：习坎, 重险也. 水流而不盈, 行险而不失其信, 维心亨, 乃以刚中也. 行有尚, 往有功也. 天险不可升也, 地险山川丘陵也, 王公设险以守其国. 险之时用大矣哉.

'구덩이가 겹치는' 중수감괘는 구덩이가 겹치어 험난함이 크다. 물이 흘러서 차지 않음이니 행로가 험하고 그 믿음을 잃지 않아야 한다. 오직 마음을 형통하게 하면 이내 강(구오효)이 중도를 얻는다. 행함에는 존경함이 따르고, 나아가면 공로가 있다. 하늘의 험난함은 위로 오르는 것을 어렵게 하고, 땅의 험난함은 산천 구릉에 있다. 왕이 험난함을 설치하여 그 나라를 지킨다. 험난함의 때(중수감괘의 상황)를 이용하는 (그 의미가) 크구나!

* 괘사(卦辭)：有孚, 维心亨, 行有尚.
* 坎(감)：구덩이, 치는 소리, 험하다, 고생하다, 험난하다, 괴로워하다, 애태우다, 묻다, 숨기다 등의 뜻이 있으나 여기서는 '구덩이'로 해석하였음.
* 習(습)：익히다, 익숙하다, 배우다, 연습하다, 복습하다, 겹치다, 능하다, 버릇, 습관, 풍습, 항상, 늘 등의 뜻이 있으나 여기서는 '겹치다'로 해석하였음.

* 괘사(卦辭) : 利贞, 亨;畜牝牛, 吉.

* 离(리, 치) : 떠나다, 떼어놓다, 떨어지다, 갈라지다, 흩어지다, 분산하다, 가르다, 분할하다, 늘어놓다, 만나다, 맞부딪다, 잃다, 버리다, 지나다, 겪다, 산신, 근심, 도깨비, 요괴 등의 뜻이 있으나 여기서는 '만나다', '맞부딪다'로 해석하였음.

* 麗(려) : 곱다, 아름답다, 맑다, 짝짓다, 빛나다, 매다, 붙다, 마룻대, 짝, 수, 수효 등의 뜻이 있으나 여기서는 '짝짓다', '빛나다'로 해석하였음.

※ 리괘(离卦)는 설괘전(說卦傳)에 의하면 '음괘(陰卦)'이고, '불(火)'이며, 수(水)와는 서로 싫어하지 않으며(不相射), '려(麗)'하며, 꿩(雉)이며, 눈(目)이며, 중녀(中女)이고, 정남(正南)이다. 그런데 여기서 麗(려)를 어떤 의미로 해석하느냐가 중요한데 대다수 사람은 정이천의 견해를 받아들여 '매달려 있음'으로 해석한다, 이는 서괘전(序卦傳)에 근거를 두었는데 "坎者, 陷也. 陷必有所丽, 故受之以离. 离者, 丽也."라는 구절 때문이다. '감(웅덩이)이라고 하는 것은 빠짐이다. 빠지면 반드시 붙잡는 바가 있으니 리괘로 받았다. 리는 붙잡음이다.' 과연, 그럴까? 나는 그렇지 않다고 본다. 서괘전은 집필자가 64개 괘의 순서를 기억하기 위한 하나의 방편으로 지어낸 문장이라고 나는 생각한다. 그래서 너무 집착할 필요가 없다고 생각한다. 물웅덩이(坎)는 일종의 함정(陷)이다. 함정은 반드시 빠지게 할 대상이 있어야 한다. 빠지게 되는 대상이 짝이다. 그래서 나는 이 麗(려)를 '짝짓다'로 해석하였다. 그런데 그 짝은 빛나는 존재이다. 하늘에 해와 달이 그렇고, 땅에 있는 온갖 초목과 동물들이 그러하다. 이런 나의 판단이 옳다면 중화리괘 괘사 단사 효사 모두를 처음부터 다시 해석해야 한다. 이를 확인하기 위해서「중화리(重火离) 괘에서 '离'와 '麗'를 어떻게 해석할 것인가」라는 글을 이 제3부 끝에 붙인다(p.p. 277~280 참조).

30 离

利贞, 亨;畜牝牛, 吉.

《象》曰：离, 丽也；日月丽乎天, 百谷草木丽乎土, 重明以丽乎正, 乃化成天下. 柔丽乎中正, 故亨, 是以畜牝牛吉也.

'만나는', 중화리괘는 짝을 이룸이다. 일월이 하늘에서 짝을 이루고, 백곡 초목이 땅에서 짝을 이루고, 거듭된 밝음으로 써 바름에 짝을 이루고, 이내 변화하여 천하를 완성한다. 유 (육오효)가 중도의 바름(육이효)에 짝을 이루는 연고로 형통하며, 이로써 암소를 기르는 것이 이롭다.

象

下傳

—

단
하
전

31 咸

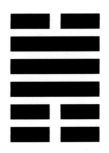

亨, 利贞；取女吉.

《彖》曰：咸, 感也. 柔上而刚下, 二气感应以相与. 止而说, 男下女, 是以亨利贞, 取女吉也. 天地感而万物化生, 圣人感人心而天下和平. 观其所感, 而天地万物之情可见矣.

'두루 미치는', 택산함괘는 느끼어 통함이다. 유(상육효의 음)가 위로 올라가고, 강(구삼효의 양)이 아래로 내려와 두 기운이 서로 느끼고 호응함으로써 함께한다. 멈추고(하괘 덕성) 기뻐하며(상괘 덕성), 남자가 여자 아래로 내려감으로써 형통하고 이롭고 곧기에 여자를 취함이 길하다. 하늘과 땅이 느끼어 통하니 만물이 변화하여 생기고, 성인과 사람의 마음이 느끼어 통하니 천하가 화합하고 평화로워진다. 그 느끼어 통함을 관찰하여 천지 만물의 뜻을 깨달을 수 있다.

* 괘사(卦辭) : 亨, 利贞 ; 取女吉.
* 咸(함, 감) : 다, 모두, 소금기, 짜다, 소금기가 있다, 두루 미치다, 널리 미치다, 부드러워지다, 물다, 씹다, 차다, 충만하다, 같다, 덜다, 줄이다 등의 뜻이 있으나 여기서는 '두루 미치다'로 해석하였음.
* 感(감) : 느끼다, 감응하다, 느낌이 통하다, 감동하다, 마음이 움직이다, 고맙게 여기다, 깨닫다, 생각하다, 원한을 품다, 움직이다, 흔들다, 닿다, 부딪치다, 감동, 감응, 느낌, 유감 등의 뜻이 있으나 여기서는 '느끼어 통하다'로 해석하였음.

※ '유(柔=陰)가 위로 올라가고, 강(剛=陽)이 아래로 내려왔다'라는 표현이 나오는데 이 말의 기준은 위의 건괘(乾卦)와 아래의 곤괘(坤卦)가 된다. 이 건(乾)과 곤(坤)이 계사전에서 말한 것처럼 역(易)의 문(門)으로서 위 아래에 자리를 잡고 있는데 음양의 상호 작용으로 변하여 다른 괘들이 되는 것이다. 그래서 하괘인 산(山=艮)을 두고는, 원래는 곤(坤)이었는데 건(乾)에서 양효 하나가 내려와 간(艮)이 되었다고 하고, 상괘인 택(澤=兑)을 두고는 원래는 건(乾)이었는데 곤(坤)에서 음효 하나가 올라와서 태(兑)가 되었다고 판단한 것이다. 이러한 이치를 인지하지 못하면 이 단사(彖辭) 내용을 받아들이기 어려울 것이다.

* 괘사(卦辭) : 亨, 无咎, 利贞, 利有攸往.

* 恒(항, 긍) : 항상, 변하지 않고 늘 그렇게 하다, 항구히, 반달, 두루 미치다,
  뻗치다, 걸치다 등의 뜻이 있으나 여기서는 '항상', '변하지 않고 늘 그렇게
  하다'로 해석하였음.

* 久(구) : 오래다, 길다, 오래 기다리다, 오래 머무르다, 가리다, 막다, 변하
  지 아니하다, 오랫동안, 오래된, 시간, 기간 등의 뜻이 있으나 여기서는 '변
  하지 아니하다', '오래간다'로 해석하였음.

* 已(이) : 이미, 벌써, 너무, 뿐, 따름, 매우, 대단히, 너무, 반드시, 써, 써서,
  이, 이것, 조금 있다가, 병이 낫다, 말다, 그치다, 그만두다, 끝나다, 용서하
  지 아니하다, 버리다, 버려두다 등의 뜻이 있으나 여기서는 '그치다'로 해
  석하였음.

* 得(득) : 얻다, 손에 넣다, 만족하다, 고맙게 여기다, 깨닫다, 알다, 분명해
  지다, 적합하다, 이르다, 도달하다, 이루어지다, 만나다, 탐하다, 사로잡다,
  덕, 덕행, 이득, 이익 등의 뜻이 있으나 여기서는 이런 의미가 아니라 '~体
  로 적합하다'라는 의미로 사용되었다. 따라서 '하늘=해와 달'이라는 뜻으
  로 해석하였음.

※ '강유(剛柔)가 다 호응한다' 함은 초효(初爻)와 사효(四爻)가 음과 양으
  로, 이효(二爻)와 오효(五爻)가 양과 음으로, 삼효(三爻)와 상효(上爻)가
  양과 음으로 각각 짝을 이루었다는 뜻이다.

32 恒

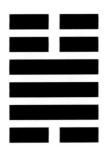

亨, 无咎, 利贞, 利有攸往.

《象》曰：恒, 久也. 刚上而柔下, 雷风相与, 巽而动, 刚柔皆应, 恒. 恒亨无咎利贞, 久于其道也. 天地之道, 恒久而不已也. 利有攸往, 终则有始也. 日月得天, 而能久照. 四时变化, 而能久成. 圣人久于其道, 而天下化成. 观其所恒, 而天地万物之情可见矣.

'변하지 않아 한결같은', 뇌풍항괘는, 변하지 않고 오래간다. 강이 위로 올라가고(구사효의 양) 유가 아래로 내려와(초육효의 음) 우레와 바람이 서로 함께하고, 겸손하게 움직이어 강유(음양)가 다 호응하니 변하지 않고 늘 그렇게 함이다. '항괘가 형통하고 무구하며 곧으면 이롭다'라는 것은 그 도가 오래감이다. 천지의 도가 변하지 않고 그치지 아니한다. '갈 바가 있어 이롭다' 함은 끝나는 즉 시작이 있음이다. 하늘의 해와 달이 오래도록 비출 수 있고, 사시 변화가 오래도록 이루어질 수 있다. 성인이 그 도에 오래 머물러 세상을 변화시켜 완성한다. 그 변하지 않고 머묾을 관찰하여 천지 만물의 뜻을 깨달을 수 있다.

33 遯

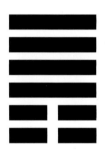

亨, 小利贞.

《象》曰：遯亨, 遯而亨也. 刚当位而应, 与时行也. 小利贞, 浸而长也. 遯之时义大矣哉.

'달아나 숨는' 천산돈괘가 '형통하다' 함은 물러나 피하기에 형통하다. 강의 자리가 합당하고(구오효) 호응하니(육이효), 때와 더불어 행함이다. '이로움이 작고 곧다' 함은 나아가 (음효의 세력이) 점점 자라남이다. 달아나 숨는 때의 의미가 크구나!

* 괘사(卦辭) : 亨, 小利贞.
* 遯(둔, 돈) : 달아나다, 숨다, 피하다, 도망치다, 회피하다 등의 뜻이 있으나
  여기서는 '돈'으로 읽으며, '달아나다', '숨다' 등의 뜻으로 해석하였음.

※ 위 단사(彖辭) 문장 그대로 직역해 놓고 보면 무슨 말인지 이해되지 않는
  다. 그래서 우리나라에서 발행되는 주역 관련 책들은 장황한 수식어를 동
  원하여 설명하다 보니 원문에 없는 얘기까지 하게 된다. 하긴, 현재 중국
  인도 자기네 문자임에도 불구하고 별도의 해설이 필요할 정도이니 이해
  되고 남음이 있다. 위 단사(彖辭)에서 강(剛)의 자리가 합당하다고 했는데
  이때 강은 구오효(九五爻)를 말한다. 이에 호응하는 것은 육이효(六二爻)
  이다. 그리고 점점 자라나는 것은 구삼효가 물러나 숨어버리고, 그 자리
  에 음효가 온다는 점을 염두에 두고서 한 말이다. 소위 '12피괘설'을 의식
  한 결과이다. 천산돈괘는 대서(大暑)가 있는 6월괘인데 이것이 7월이 되
  면 이 구삼(九三) 양효가 물러나고 육삼 음효가 와서 천지비괘(天地否卦)
  가 됨을 의식했다는 뜻이다. 이런 점으로 미루어보면, 단사(彖辭)가 쓰여
  진 시기보다 12피괘설이 앞서 있었다는 증거가 된다.

* **괘사(卦辭) : 利贞.**

* 壯(장) : 장하다, 굳세다, 기상이 훌륭하다, 씩씩하다, 크다, 기세가 좋다, 젊다, 견고하다, 웅장하다, 단단하다, 성하다, 매우 갸륵하다, 찜질, 음력 8월 등의 뜻이 있으나 여기서는 '씩씩하다'로 해석하였음. 따라서 大壯(대장)은 '크게 씩씩하다'로 해석하였음.

* '大 = 壯 = 正'이라는 등식을 이해할 필요가 있음.

* 利貞(이정) : 주역을 공부하는 한국 사람들은 모두 다 이 '利貞'을 '바르면 이롭다'라고 해석한다. 그런데 나는 아직 이 말을 받아들이지 못하고 있다. 글자 그대로 '이롭고, 곧다'라고 해석했다. 하늘 위에서 치는 우레는 크게 씩씩한 모습이고, 그 성품은 곧으며, 그 결과는 이로울 수 있다고 생각한다. 하늘 위에서 치는 우레가 굳세게 움직이니 씩씩하고 곧을 수밖에 없고, 그 기상은 사람들을 깨우쳐주기에 이롭지 않겠는가?

34 大壮

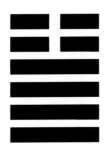

利贞.

《象》曰：大壮, 大者壮也. 刚以动, 故壮. 大壮利贞, 大者正也. 正大, 而天地之情可见矣.

'크게 씩씩한' 뇌천대장괘에서 '큰 것'이란 씩씩함이다. 강(하괘 덕성)으로써 움직이는(상괘 덕성) 고로 씩씩함이다. 크게 씩씩함이 '이롭고 곧다' 함은 큰 것이 바름이다. 바르고 크니 천지의 뜻을 가히 깨달을 수 있다.

35 晋

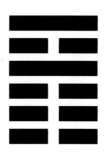

康侯用锡马蕃庶, 昼日三接.

《象》曰：晋, 进也, 明出地上, 顺而丽乎大明, 柔进而上行, 是以康侯用锡马蕃庶, 昼日三接也.

'앞으로 나아가는' 화지진괘는 나아감이고, 밝음(상괘 덕성)이 땅 위로 나와서 순종하며(하괘 덕성) 빛나니 크게 밝고, 유(구오효)가 전진하여 위에서 행한다. 이로써 칭송받는 제후(육이효)에게 말을 많이 하사하여 하루에 세 번 접견한다.

* 괘사(卦辭) : 康侯用錫马蕃庶, 昼日三接.

* 晉(진, 전) : 진나라, 나아가다, 꽂다, 삼가다, 억누르다, 억제하다, 물의 이
름 등의 뜻이 있으나 여기서는 '나아가다'로 해석하였음.

* 康(강) : 몸과 마음이 편안, 오거리, 편안하다, 편안히 하다, 온화해지다, 즐
거워하다, 즐겁다, 탐닉하다, 성하다, 풍년이 들다, 크다, 기리다, 칭송하
다, 들다, 들어 올리다, 비다, 공허하다 등의 뜻이 있으나 '칭송하다'로 해
석하였음.

* 錫(석, 사, 체) : 주석, 구리, 석장, 가는 베, 성의 하나, 주다, 하사하다, 여
자들의 머리숱이 많아 보이라고 덧넣어 딴 머리(다리), 가발 등의 뜻이 있
으나 여기서는 '하사하다'로 해석하였음.

* 蕃(번, 피) : 우거지다, 붙다, 늘다, 번성하다, 많다, 쉬다, 휴식하다, 붉다,
울타리, 오랑캐, 상자, 궤작, 수레의 가로대, 올빼미, 고을 이름, 성(姓)의
하나 등의 뜻이 있으나 여기서는 '많다'로 해석하였음.

* 庶(서, 자) : 여러, 거의, 바라건대, 무리, 서출, 벼슬이 없는 사람, 지손, 지
파, 가깝다, 바라다, 많다, 수효가 넉넉하다, 살찌다, 천하다, 비천하다, 구
제하다, 제독하다 등의 뜻이 있으나 여기서는 '많다'로 해석하였음.

* **괘사(卦辭) : 利艰贞.**
* **夷(이)** : 오랑캐, 동방의 종족, 잘못, 무리, 상하다, 다치다, 멸하다, 죽이다, 평평하다, 평탄하다, 깎다, 풀을 베다, 온화하다, 오만하다, 기뻐하다, 크다, 걸터앉다, 떳떳하다, 얕잡아보다 등의 뜻이 있으나 여기서는 '멸하다', '죽이다'로 해석하였음.
* **蒙(몽)** : 사리에 어둡다, 어리석다, 어리다, 무릅쓰다, 덮다, 받다, 속이다, 입다 등의 뜻이 있으나 여기서는 '무릅쓰다'로 해석하였음.
* **艰(간)** : 어렵다, 괴롭다, 가난하다, 험악하다, 당고, 고생 등의 뜻이 있으나 여기서는 '어렵다'로 해석하였음.
* **晦(회)** : 그믐, 밤, 어둠, 얼마 안 됨, 날이 어둡다, 희미하다, 캄캄하다, 어리석다, 감추다, 숨기다, 시들다 등의 뜻이 있으나 여기서는 '감추다', '숨기다'로 해석하였음.
* **明(명)** : 밝다, 밝히다, 날이 새다, 나타나다, 똑똑하다, 깨끗하다, 결백하다, 희다, 하얗다, 질서가 서다, 갖추어지다, 높이다, 숭상하다, 존중하다, 맹세하다, 밝게, 환하게, 확실하게, 이승 현세, 낮 주간, 빛, 광채, 밝은 곳, 양지, 밝고 환한 모양, 성한 모양, 밝음, 새벽, 해, 달, 별, 신령, 시력, 밖, 겉 등의 뜻이 있으나 여기서는 晦(회)의 반대로 '밝음'이라고 해석했다. 그러나 이 밝음은 비유어로 사람이 가지는 지혜, 지식, 능력, 뜻, 의지 등의 의미를 숨기고 있다. 그래서 '明夷(명이)'라는 용어를 속뜻이나 능력이나 야망이나 지혜 등을 숨기는 처신법이라고 해석했다. 이 단사에서는 '문왕(文王)'과 '기자(箕子)'라는 두 사람의 개인사가 전제되었는데 이들의 개인사를 알면 '명이(明夷)'라는 개념을 이해하는 데에 도움이 되리라 본다.

※ '明夷'의 개념과 그 의미에 관해서는 p.p.290~294 참조 바람.

36 明夷

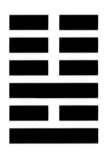

利艰贞.

《象》曰：明入地中, 明夷. 内文明而外柔顺, 以蒙大难, 文王以之. 利艰贞, 晦其明也. 内难而能正其志, 箕子以之.

'똑똑함을 숨기는' 지화명이괘는 밝음이 땅속으로 들어가는 것이라. 안으로는 이치를 밝히고 밖으로는 유순하게 하여 큰 어려움을 무릅쓰니 문왕이 그러했다. '이롭고 어려우며 곧다'함은 그 밝음을 숨김이라. 속으로는 어려우나 그 뜻을 바르게 할 수 있었는데 기자가 그렇게 하였다.

37 家人

利女贞.

《彖》曰：家人, 女正位乎内, 男正位乎外. 男女正, 天地之大义也. 家人有严君焉, 父母之谓也. 父父、子子、兄兄、弟弟、夫夫、妇妇, 而家道正. 正家, 而天下定矣.

'가족의 도리를 밝히는' 풍화가인괘는, 안에서는 여자의 자리가 바르고, 밖에서는 남자의 자리가 바르다. 남자와 여자의 바름이 천지의 큰 뜻이다. 가족 중에는 엄격한 군자가 있는데 부모를 두고 말한다. 아버지가 아버지답고, 자식이 자식답고, 형이 형답고, 동생이 동생답고, 지아비가 지아비답고, 부인이 부인다워야 가정의 도가 바르다. 바른 가정이 천하를 안정시킨다.

* 괘사(卦辭) : 利女贞.

* 定(정) : 정하다, 약속하다, 바로 잡다, 다스리다, 안정시키다, 평정하다, 편
안하다, 정해지다, 머무르다, 준비하다, 잠자리를 펴 드리다, 그치다, 그만
두다, 이마, 규정, 규칙, 익은 고기, 별의 이름, 대관절, 도대체 등의 뜻이
있으나 여기서는 '안정시키다'로 해석하였음.

* 풍화가인(風火家人) 괘는 가정(家庭)의 도(道), 가족의 도리(道理)에 관하
여 설명한다. '가인(家人)'이란 가족의 구성원 곧 식구(食口)를 뜻한다.

* 괘사(卦辭) : 小事吉.

* 睽(규) : 어기다, 지키지 아니하고 거스르다, 서로 떨어져 있다 등의 뜻이
있음.

* 睽(규, 계) : 사팔눈, 사시, 눈자위가 움푹 들어간 모양, 눈을 부릅뜨다, 노
려보다, 등지다, 반목하다, 어그러지다, 눈을 부릅뜬 모양 등의 뜻이 있으
나 여기서는 '등지다', '어그러지다'로 해석하였음.

* 類(류, 뢰) : 무리, 동아리, 제사 이름, 대개, 같다, 비슷하다, 비슷한 것끼리
나누다, 좋다, 치우치다, 편벽되다 등의 뜻이 있으나 여기서는 '같다'로 해
석하였음.

38 睽

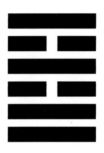

小事吉.

《彖》曰：睽, 火动而上, 泽动而下. 二女同居, 其志不同行. 说而丽乎明, 柔进而上行, 得中而应乎刚, 是以小事吉. 天地睽而其事同也, 男女睽而其志通也, 万物睽而其事类也. 睽之时用大矣哉.

'서로 등지는', 화택규괘는 불이 움직이어 위로 올라가고, 연못이 움직이어 아래로 내려왔다. 두 여자(리 : 중녀 & 태 : 삼녀)가 동거하는데 그 뜻이 다르게 행해진다. 기쁘고(하괘 덕성) 빛남(상괘 덕성)이 밝고, 유(육오효)가 나아가 위로 가고, 중도를 얻고, 강(구이효)에 응하니 이로써 작은 일은 길하다. 천지가 등지나 그 일이 같고, 남녀가 등지나 그 뜻이 통하고, 만물이 등지나 그 일은 같다. 서로 등지는 때의 활용[씀]이 위대하구나!

39 蹇

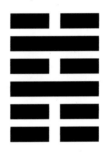

利西南, 不利东北；利见大人, 贞吉.

《象》曰：蹇, 难也, 险在前也. 见险而能止, 知矣哉. 蹇利西南, 往得中也. 不利东北, 其道穷也. 利见大人, 往有功也. 当位贞吉, 以正邦也. 蹇之时用大矣哉.

'고난이 따르는' 수산건괘는 어려움이고, 앞에 험난함(상괘 덕성)이 있다. 험난함을 당해 멈출 수 있으니 지혜롭구나! (곤 괘가 있는) 서남쪽은 이롭고, 가서 중도를 얻는다. (간괘가 있 는) 동북쪽은 불리한데 그 도가 궁해지기 때문이다. 대인을 만남이 이롭고, 나아가면 공로가 있다. 자리가 마땅하여 곧 고 길하며, 나라를 바르게 한다. 고난의 때를 활용함이 위대 하구나!

* 괘사(卦辭)：利西南, 不利东北；利见大人, 贞吉.
* 蹇(건) : 절뚝발이, 다리를 저는 당나귀, 노둔한 말, 굼뜨다, 걷다, 머무르
 다, 고생하다, 교만하다, 뽑다 등의 뜻이 있으나 여기서는 고난, 역경, 시련
 등의 의미를 상징하는 비유어로 사용됨.

※ 고난이 따르는 수산건괘는 왜, 서남쪽으로 가면 이롭고, 동북쪽으로 가면
 불리한가? 이 문제를 해결하기 위해 많은 생각을 해야 한다. 아래 도식에
 서 보는 바와 같이 서남쪽은 곤괘(坤卦)가 있고, 동북쪽은 간괘(艮卦)가
 있다. 이 수산건괘(水山蹇卦) 자체가 안으로는 산에 가로막혀 멈추어 있
 고, 밖으로는 험난함이 놓여있는 형국이다. 그런데 또 산이 있는 곳으로
 가면 더욱 험난해질 가능성이 크고, 평평한 땅이 있는 곳으로 가면 낫지
 않을까 싶다. 또, 다른 각도에서 보면, 건괘(蹇卦)의 상괘(上卦)인 감괘(坎
 卦)는 소음(少陰)에서 나왔고, 하괘인 간괘(艮卦)도 태음(太陰)에서 나왔
 다. 그래서 이 둘 다 음(陰)에서 나왔으므로 고향 같은 곤괘(坤卦)가 있는
 곳으로 가면 더 편안하고 더 이롭지 않겠는가. 비록, 간괘(艮卦)도 태음
 (太陰)에서 나오긴 했지만 곤괘만은 못할 것이다. 태양(太陽)과 소양(少
 陽)에서 나온 건(乾) 태(兌) 리(离) 진(震)이 있는 방향에 대해서는 언급조
 차 없음이 시사하는 바 있다.

[방위와 수로 도식한 팔괘]

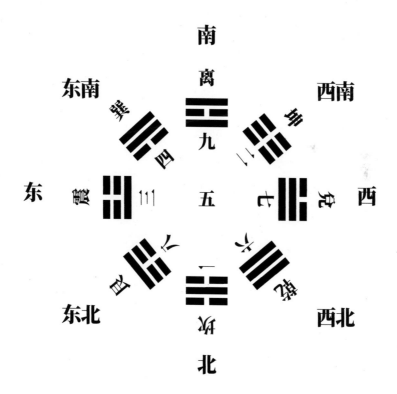

* 팔괘와 방위(方位), 수(數), 사상(四象) 등에 관해서는 필자의 글 「팔괘에 부여한 방위·수·사상의 의미」를 참고하기 바람(네이버 블로그 '이시환의 문학세계').

40 解

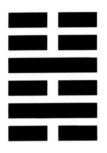

利西南；无所往, 其来复吉；有攸往, 夙吉.

《象》曰：解, 险以动, 动而免乎险, 解. 解利西南, 往得
众也. 无所往, 其来复吉, 乃得中也. 有攸往夙吉, 往有
功也. 天地解而雷雨作, 雷雨作而百果草木皆甲坼. 解
之时大矣哉.

'풀리는' 뇌수해괘는 험난하므로(하괘 덕성) 움직이고(상괘 덕성), 움직이어서 (그) 험난함으로부터 면하는 것이다. 해괘 가 '서남쪽이 이롭다' 함은, 가면 무리를 얻기 때문이고, '갈 바가 없고, 와서 회복함이 길하다' 함은 중도를 얻음이다. '갈 바가 있으면 일찍 가는 게 길하다' 함은 가면 공로가 있음이 다. 천지가 풀리어서 우레가 비를 내리고, 우레가 비를 내리 니 백과 초목이 모두 싹이 튼다. 풀림의 때가 위대하구나!

---

* 괘사(卦辭) : 利西南 ; 无所往, 其来复吉 ; 有攸往, 夙
  吉.

* 夙(숙) : 이르다, 빠르다, 삼가다, 조심하다, 어린 나이, 새벽, 이른 아침, 일
  찍, 예로부터, 평소의 등의 뜻이 있으나 여기서는 '일찍'으로 해석하였음.

* 坼(탁) : 터지다, 갈라지다, 열다, 펴다, 싹이 트다, 허물다, 허물어뜨리다,
  갈라진 금, 갈라진 무늬 등의 뜻이 있으나 여기서는 '싹이 트다'로 해석하
  였음.

* 괘사(卦辭) : 有孚, 元吉, 无咎, 可贞, 利有攸往. 曷之用? 二簋可用享.

* 損(손) : 덜다, 줄이다, 줄다, 감소하다, 잃다, 손해를 보다, 해치다, 상하게 하다, 헐뜯다, 비난하다, 낮추다, 겸손하다 등의 뜻이 있으나 여기서는 '덜다'로 해석하였음.

* 曷(갈, 알) : 어찌, 어찌하여, 언제, 어느 때에, 누가, 누군가, 전갈, 어찌 ~ 하지 아니하냐?, 막다, 그치다, 해치다 등의 뜻이 있으나 여기서는 '어찌 ~ 하지 아니하냐?'로 해석하였음.

* 簋(궤) : 제기 이름, 기장이나 피 등을 담는 그릇의 뜻이 있으나 여기서는 '제기(祭器)'로 해석하였음.

* 應(응) : 응하다, 대답하다, 맞장구치다, 승낙하다, 화답하다, 당하다, 응당 ~하여야 한다, 받다, 아마도, 조짐이나 대답, 성의 하나 등의 뜻이 있으나 여기서는 '응하다', '사용되다'로 해석하였음.

* 偕(해) : 함께, 같이, 두루, 함께하다, 같이 살다, 굳세다, 혈기가 왕성하다, 같다, 두루 미치다, 맞다, 적합하다 등의 뜻이 있으나 여기서는 '함께'로 해석하였음.

41 损

有孚, 元吉, 无咎, 可贞, 利有攸往. 曷之用? 二簋可用享.

《彖》曰 : 损, 损下益上, 其道上行. 损而有孚, 元吉无咎, 可贞, 利有攸往. 曷之用二簋, 可用享. 二簋应有时, 损刚益柔有时. 损益盈虚, 与时偕行.

'덜어내는' 산택손괘는 아래에 있는 것을 덜어서 위로 보태어주는데 그 도가 위로 행함이다. 손괘는 '믿음이 있고, 크게 길하고, 무구하며, 아주 곧고, 갈 바가 있어 이롭다' 함과 '제사에 사용 가능한 제기 둘을 어찌 사용하지 않겠는가?' 함이란 두 제기가 마땅히 사용되는 때가 있듯이, 강을 덜어서 유에 보태어주는 때가 있다. 덜어내고 보태어주고 차고 빔이 때와 더불어서 함께 행한다.

42 益

利有攸往, 利涉大川.

《象》曰：益, 损上益下, 民说无疆. 自上下下, 其道大光. 利有攸往, 中正有庆. 利涉大川, 木道乃行. 益动而巽, 日进无疆. 天施地生, 其益无方. 凡益之道, 与时偕行.

'보태어주는' 풍뢰익괘는, 위의 것을 덜어서 아래로 보태어 주므로 백성이 한없이 기쁘다. 위로부터 아래로 낮추니 그 도가 크게 빛난다. '갈 바가 있어 이롭다' 함은 중도의 바름으로써 경사가 있음이다. '큰 강을 건넘이 이롭다' 함은 목도가 이내 행해짐이다. 유익하게 움직이고(하괘 덕성) 겸손하니 (상괘 덕성) 해가 끝없이 비춤과 (같다). 하늘이 베풀어 땅이 생동하고, 그 이익됨이 끝이 없다. 무릇, 보태어줌의 도란 때와 더불어서 함께 행한다.

* 괘사(卦辭) : 利有攸往, 利涉大川.

* 益(익) : 더하다, 이롭다, 유익하다, 돕다, 보조하다, 많다, 넉넉해지다, 진
  보하다, 향상되다, 상으로 주다, 가로막다, 이익, 성(姓)의 하나 등 뜻이 있
  으나 여기서는 '더하다'로 해석하였음.

* 凡(범) : 무릇, 대체로 보아, 모두, 다, 전부, 보통, 대강, 개요, 상도, 관습,
  관례, 평범하다 범상하다 등의 뜻이 있으나 여기서는 '무릇'으로 해석하였
  음.

※ 여기서 처음으로 생소한 '木道(목도)'라는 말이 쓰였다. 그렇다면, '목도'
  란 무엇일까? 큰 강을 건너는 일은, 위험과 모험이 수반되는 국가적 대업
  (大業)이다. 이 대업을 수행함에 목표 달성을 위해서 위에서 아래로 베푸
  는 바가 있다면 그 위험을 덜어주는 일이 될 것이다. 따라서 나무의 이로
  움을 활용하는 것이 곧 '목도'라고 본다면(계사 하전 제2장 참조) 여기서
  목도란 나무로 만든 배[舟]를 활용함이다. 혹자는 '木道=天道'라고 일방
  적으로 주장하기도 하고, 정이천은 益의 오기(誤記)라고 주장하기도 했
  다. 판단은 독자의 몫이지만 주역의 핵심 원리(목적)를 생각하면 나의 판
  단이 무리가 아니라고 생각한다. 그것은 '하늘과 땅의 이치가 이러하니
  인간의 도리가 마땅히 이러해야 한다'거나 반대로 '인간의 도리가 이러한
  데 이것은 천지의 작용이 그러하기에 그렇다'라는 논리 전개 방식이다.
  여기서도 그런 원리가 그대로 드러나 있다.

* 괘사(卦辭) : 扬于王庭, 孚号有厉 ; 告自邑, 不利即戎 ;
  利有攸往.

* 夬(쾌, 결) : 터놓다, 정하다, 결정하다, 나누다, 가르다, 깍지 등의 뜻이 있
  으나 여기서는 '결정하다'로 해석하였음.

* 揚(양) : 날리다, 하늘을 날다, 바람에 흩날리다, 오르다, 올리다, 쳐들다,
  나타나다, 알려지다, 드날리다, 말하다, 칭찬하다, 누그러지다, 고르게 되
  다, 밝히다, 명백하게 하다, 불이 세차게 타오르다, 슬퍼하다, 애도하다, 도
  끼, 부월, 눈두덩, 흉배, 이마 등의 뜻이 있으나 여기서는 '드날리다'로 해
  석하였음.

* 即(즉) : 곧, 이제, 만약, 만일, 혹은, 가깝다, 가까이하다, 나아가다, 끝나
  다, 죽다, 불똥 등의 뜻이 있으나 여기서는 '만일'로 해석하였음.

* 戎(융) : 병장기, 병거, 싸움 수레, 군사, 병사, 오랑캐, 싸움, 전쟁, 전투,
  너, 그대, 돕다, 크다, 난잡하다 등의 뜻이 있으나 여기서는 '싸움'으로 해
  석하였음.

* 化(화) : 화하다, 화목하다, 온화하다, 순하다, 화해하다, 같다, 서로 응하
  다, 합치다, 허가하다, 모이다, 화답하다, 양념하다, 합계, 악기의 한 가지,
  수레에 매다는 방울 등의 뜻이 있으나 여기서는 '서로 응하다'로 해석하였
  음.

43 夬

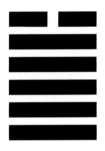

扬于王庭, 孚号有厉 ; 告自邑, 不利即戎 ; 利有攸往.

《象》曰：夬, 决也, 刚决柔也. 健而说, 决而和. 扬于王庭, 柔乘五刚也. 孚号有厉, 其危乃光也. 告自邑不利即戎, 所尚乃穷也. 利有攸往, 刚长乃终也.

'결단하는' 택천쾌괘는 (의사를) 결정함인데 강(육효 중 아래 다섯 개 양효)이 유(상육효)를 결정함이다. 튼튼하고(하괘 덕성) 기쁨으로(상괘 덕성) 결정하여 서로 응하다. '왕정에서 드날린다' 함은 유(상육효)가 다섯 강(초구효로부터 구오효까지)을 올라탐이다. '우려가 있음을 믿음으로 알린다' 함은 그 위험이 곧 커짐이다. '고을부터 알리고, 만일 싸우면 불리하다' 함은 높이는 바가 곧 궁색해짐이다. '갈 바가 있어 이롭다' 함은 강이 자라나 이내 마침(중천건이 됨)이다.

44 姤

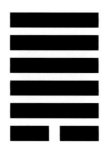

女壯, 勿用取女.

《象》曰 : 姤, 遇也, 柔遇剛也. 勿用取女, 不可与長也. 天地相遇, 品物咸章也. 剛遇中正, 天下大行也. 姤之時义大矣哉.

'만나는' 천풍구괘는 만남이니 유가 강을 만난다. '여자를 취해서는 안 된다' 함은 더불어 오래가지 못함이다. 하늘과 땅이 서로 만나매 만물이 두루 빛난다. 강(구오효)이 중도의 바름을 얻으니 천하가 크게 행한다. 만나는 때의 뜻이 크구나!

* 괘사(卦辭) : **女壯, 勿用取女.**

* 姤(구) : 만나다, 우아하다, 아름답다, 예쁘다, 추하다, 보기 흉하다 등의 뜻
  이 있으나 여기서는 '만나다'로 해석하였음.

* 遇(우) : 우연히 만나다, 조우하다, 상봉하다, 대접하다, 예우하다, 뜻을 얻
  다, 합치다, 짝하다, 맞서다, 성교하다, 막다, 저지하다, 우연히, 뜻하지 않
  게, 때마침, 예우, 대우, 알현, 때, 기회, 시기 등의 뜻이 있으나 여기서는
  '만나다'로 해석하였음.

※ '유(柔)가 강(剛)을 만난다.'라고 함은, 두 가지로 생각해 볼 수 있다. 하
  나는, 상괘(上卦)와 하괘(下卦)의 만남이고, 다른 하나는, 유일한 음효(陰
  爻)인 초육효와 다른 양효(陽爻)들과의 만남이다. 상괘(上卦)는 강건한
  건(乾)이고, 하괘는 공손한 손(巽)이다. 그리고 유한 초육효가 구사효와
  짝인데 선택의 폭이 넓어졌다. 구이·구삼·구사·구오·상구효까지 선택할
  수 있는데 흉한 구사효(九四爻)보다 중도(中道)를 얻어 길한 구오효(九五
  爻)를 선택하는 것도 유가 강을 만남이다.

* **괘사(卦辭) : 王假有庙, 利见大人, 亨利贞, 用大牲吉, 利 有攸往.**

* 萃(췌, 쵀) : 모이다, 모으다, 이르다, 도달하다, 기다리다, 야위다, 초췌해 지다, 그치다, 머물다, 모임, 무리, 머위, 버금, 옷이 스치는 소리, 옷이 스 치다 등의 뜻이 있으나 여기서는 '모이다'로 해석하였음.

* 聚(취) : 모이다, 모으다, 거두어들이다, 갖추어지다, 저축하다, 함께하다, 무리, 마을, 동네, 저축, 줌, 함께, 다 같이 등의 뜻이 있으나 여기서는 '모 이다'로 해석하였음.

* 假(가, 하, 격) : 거짓, 가짜, 임시, 일시, 가령, 이를테면, 틈, 틈새, 빌리다, 용서하다, 너그럽다, 아름답다, 크다, 멀다, 이르다, 오다, 오르다, 지극하 다 등의 뜻이 있으나 여기서는 '이르다', '오다'로 해석하였음.

* 牲(생) : 희생(제사에 쓰이는 짐승), 제사에 쓰이는 소, 가축의 통칭 등의 의 미가 있음.

45 萃

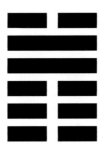

王假有庙, 利见大人, 亨利贞, 用大牲吉, 利有攸往.

《象》曰: 萃, 聚也. 顺以说, 刚中而应, 故聚也. 王假有庙, 致孝享也. 利见大人亨, 聚以正也. 用大牲吉, 利有攸往, 顺天命也. 观其所聚, 而天地万物之情可见矣.

'모이는' 택지췌괘는 모으는 것이다. 순종(하괘 덕성)으로써 기뻐하고(상괘 덕성), 중도를 얻은 강(구오효)에 (육이효가) 호응함으로 모인다. '왕이 종묘에 옴'은 효도로써 제사를 지내는 곳에 이름이다. '대인을 만남이 이롭고 형통하다' 함은 모여 바르기 때문이다. '큰 제물을 바침이 이롭고 갈 바가 있음이 길하다' 함은 하늘의 뜻에 순종함이다. 그 모이는 바를 관찰하여 천지 만물의 뜻을 깨달을 수 있다.

46 升

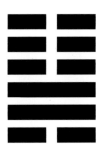

元亨, 用见大人, 勿恤, 南征吉.

《象》曰：柔以时升, 巽而顺, 刚中而应, 是以大亨. 用见大人勿恤, 有庆也. 南征吉, 志行也.

'위로 올라가는' 지풍승괘는 유(상괘)가 때를 타고서 오름이
니 공손하고(하괘 덕성) 순종하며(상괘 덕성) 중도를 얻은 강
(구이효)이 (육오효에) 호응함으로 크게 형통하다. '대인을 만
나 뵈나 근심하지 말라' 함은 경사가 있음이라. '남쪽을 치면
길하다' 함은 뜻을 행함이다.

* 괘사(卦辭) : **元亨, 用见大人, 勿恤, 南征吉.**
* 升(승) : 되, 새, 오르다, 떠오르다, 벼슬을 올리다, 나아가다, 천거하다, 태
  평하다, 융성하다, 이루다, 곡식이 익다, 바치다, 헌납하다 등의 뜻이 있으
  나 여기서는 '오르다'로 해석하였음.
* 恤(휼) : 불쌍하다, 구휼하다, 근심하다, 사랑하다, 친애하다, 돌보다, 동정
  하다, 편안하게 하다, 삼가다, 아버지의 상(喪) 등의 뜻이 있으나 여기서는
  '근심하다'로 해석하였음.
* 征(정, 징) : 치다, 때리다, 정벌하다, 토벌하다, 탈취하다, 취하다, (먼 길
  을) 가다, 순시하다, 순행하다, 두려워하다, 구실 받다, 구실, 부르다, 징집
  하다, 소집하다 등의 뜻이 있으나 여기서는 '정벌하다'로 해석하였음.

* 괘사(卦辭) : 亨 ; 貞, 大人吉, 无咎 ; 有言不信.
* 困(곤) : 곤하다, 졸리다, 지치다, 괴로움을 겪다, 위태롭다, 위험하다, 막다르다, 괴롭다, 통하지 아니하다, 가난하다, 부족하다, 모자라다, 흐트러지다, 겪기 어려운 일, 난처한 일 등의 뜻이 있으나 여기서는 '곤하다'로 해석하였음.
* 揜(엄) : 가리다, 숨기다, 감추다, 붙잡다, 덮쳐 빼앗다, 이어받다, 계승하다, 곤궁하다 급박하다, 같다, 노름 등의 뜻이 있으나 여기서는 '가리다'로 해석하였음.

※ 택수곤(澤水困)과 수택절(水澤節)을 생각해 보라. 연못에 물이 다 새어나가면 그 연못은 곤(困)하고 궁(窮)하다. 그러나 연못에 물이 가득 차 있다면 그 쓰임을 조절해가며 아껴 써야 한다. 그래서 澤水(택수)는 困(곤)이요, 水澤(수택)은 節(절)로 받았다. 주역(周易)이 사유의 영역을 확장 심화시키고, 재미를 주는 이유도 자연현상을 통해서 인간사의 도리, 내지는 이치로 연계시켜 설명하는 데에 있다. 그리고 여기서 연못 안에 들어있는 물을 단순한 물이 아니고, 하늘의 은총 또는 도(道), 아니면 세속적인 돈이라고 한다면 그 의미는 더욱 깊어진다.

47 困

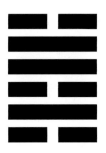

亨；贞, 大人吉, 无咎；有言不信.

《象》曰：困, 刚揜也. 险以说, 困而不失其所亨, 其唯君子乎. 贞大人吉, 以刚中也. 有言不信, 尚口乃穷也.

'곤한' 택수곤괘는 강(양효)이 (음효로) 가려짐이다. 험난함으로써(하괘 덕성) 기쁘니(상괘 덕성) 곤하나 그 형통한 바를 잃지 않음이 오직 군자일 따름이다. '곧고, 대인이 길하다' 함은 강으로써 중도를 얻음(구이효, 구오효)이라. '말을 해도 믿지 않는다' 함은 말을 꾸밈이 곧 궁색해짐이다.

48 井

改邑不改井, 无丧无得, 往来井井. 汔至亦未繘井, 羸其瓶, 凶.

《象》曰：巽乎水而上水, 井. 井, 养而不穷也. 改邑不改井, 乃以刚中也. 汔至亦未繘井, 未有功也. 羸其瓶, 是以凶也.

'물을 베푸는' 수풍정괘는 겸손이 물속에 있고, 물이 위로 올라오는 것이다. 우물은 (생명을) 기르지만 고갈되지 않는다. '마을은 바꾸어도 우물은 바꾸지 않는다' 함은 마침내 강이 중도를 얻음이다(구오효). '도달했는데 또 두레박줄이 우물에 미치지 못한다' 함은 공로가 아직 이루어지지 못했음이다. '그 두레박을 엎지르다' 함은 이로써 흉해짐이다.

* 괘사(卦辭) : 改邑不改井, 无喪无得, 往来井井. 汔至亦
  未繘井, 羸其瓶, 凶.

* 汔(흘, 글) : 이르다, 도달하다, 마치다, 그만두다, 다하다, 마침내, 모두, 까
  지 등의 뜻이 있으나 여기서는 '이르다', '도달하다'로 해석하였음.

* 改(개) : 고치다, 고쳐지다, 바꾸다, 바뀌다, 만들다, 다시, 따로, 새삼스럽
  게 등의 의미가 있으나 여기서는 '만들다', '바뀌다' 등으로 해석될 수 있
  다. 사람이 사는 마을은 옮길 수 있고 새로 건설할 수 있지만, 우물은 원천
  적으로 땅속에서 물이 솟아나지 않으면 안 되므로 만들 수 없고, 고칠 수도
  없고, 임의로 바꿀 수도 없다는 뜻으로 해석된다. 그러나 우물의 형태나 주
  변을 보수할 수는 있다고 본다. 정괘(井卦) 다음으로 혁괘(革卦)가 온 것이
  그 증거이다. 다만, 고대인의 생각으로는 땅속의 물은 인간의 힘으로 어떻
  게 할 수 없다는 인식이 전제되어 이런 말이 나온 것 같다. 환경의 변화로
  우물도 오염되기도 하고, 고갈되기도 함을 우리는 두 눈으로 똑똑히 보고
  있는데 말이다.

* 繘(율) : 두레박줄, 실오리, 실낱 등의 뜻이 있으나 여기서는 '두레박줄'로
  해석하였음.

* 羸(리) : 파리하다, 고달프다, 지치다, 엎지르다, 괴로워하다, 약하다 등의
  뜻이 있으나 여기서는 '엎지르다'로 해석하였음.

* 瓶(병) : 병, 단지, 항아리, 두레박, 시루 등의 뜻이 있으나 여기서는 '두레
  박'으로 해석하였음.

* 괘사(卦辭) : 巳日乃孚, 元亨, 利贞, 悔亡.

* 革(혁, 극) : 가죽, 가죽의 총칭, 가죽 장식, 갑옷, 투구, 피부, 북, 날개, 늙다, 날
    개를 펴다, 털을 갈다, 고치다, 중해지다, 위독해지다, 엄하다, 지독하다, 빠르
    다 등의 뜻이 있으나 여기서는 '고치다'로 해석하였음.

* 息(식) : 숨을 쉬다, 호흡하다, 생존하다, 살다, 생활하다, 번식하다, 자라다, 키
    우다, 그치다, 그만두다, 중지하다, 망하다, 멸하다, 호흡, 숨, 아이, 자식, 이자,
    여관, 휴게소, 군더더기, 살 등의 뜻이 있으나 여기서는 '살다, 생활하다'로 해
    석하였음.

* 已(이) : 이미, 벌써, 너무, 뿐, 따름, 매우, 대단히, 반드시, 써, 써서, 이, 이것,
    조금 있다가, 그 후 얼마 되지 아니하여, 병이 낫다, 말다, 그치다, 불허하다, 용
    서하지 않다, 버리다, 버려두다 등의 있음. 대개는 止(지), 罷(파) 의미로 사용
    되었다. 정이천의 역전을 완역한 심의용의 책에서는 '己(기)'를 썼고(아마도 오
    자인 듯 보이고), 「낭송주역」을 펴낸 고은주는 '已(이)'를 썼는데 해석은 똑같
    이 '하루가 지나야'로 했다. 현재 중국인이 사용하는 단사(彖辭)에서는 보다시
    피 '巳(사)'로 표기되었다. 巳(사)가 옳다고 판단되나 已(이), 己(기) 등으로 표
    기된 곳(책)이 많다.

* 己(기) : 몸, 자기, 자아, 여섯째 천간, 사욕, 어조사, 다스리다 등의 뜻이 있음.

* 巳(사) : 뱀, 여섯째 지지, 삼짇날, 자식, 태아, 복, 행복, 벌써, 이미, 결정되다,
    계승하다, 지키다, 평온해지다 등의 뜻이 있음. 여기서는 '결정되다'로 해석하
    였음.

* 汤武革命(탕무혁명) : 상(商) 나라의 탕왕(湯王)이 하(夏) 왕조의 고립과 융(娀)
    의 배반을 이용하여 하(夏)의 걸왕(桀王)을 鸣条[míng tiáo: 지금의 山西省 安
    邑县 鸣条冈] 지역에서 멸망시켰고, 주(周) 나라의 무왕(武王)이 상(商) 나라
    의 주왕(紂王)을 목야지전(牧野之战: 지금의 淇县南、卫河以北, 新乡市 附近)
    에서 토벌하였는데, 국정 운영의 부패와 폭군으로서 악명을 떨쳤던, 하(夏)의
    걸왕(桀王)을 상(商)의 탕왕(湯王)이 치고, 상(商)의 주왕(紂王)을 주(周)의 무
    왕(武王)이 쳐서 승리했는데 그들 왕조 토벌의 정당성을 부여하는 의미에서 후
    대인들은 '탕무혁명'이라고 부른다.

49 革

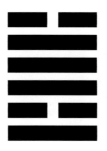

巳日乃孚, 元亨, 利贞, 悔亡.

《彖》曰：革, 水火相息, 二女同居, 其志不相得, 曰革.
巳(已,己)日乃孚, 革而信之. 文明以说, 大亨以正. 革
而当, 其悔乃亡. 天地革, 而四时成. 汤武革命, 顺乎天
而应乎人. 革之时大矣哉.

'크게 고치는' 택화혁괘는 물과 불이 함께 살아가듯 두 여자가 동거하나 그 뜻을 서로 얻지 못함을 말한다. '결정된 날에 마침내 믿게 된다' 함은 믿음으로 개혁함이다. 기쁨으로써 이치를 밝히고, 바름으로써 크게 형통하다. 개혁이 마땅하면 그 근심이 없어진다. 천지가 개혁하니 사시가 완성된다. (소위) 탕무혁명(도) 하늘에 순종함이며, 사람이 호응함이다. 개혁의 때가 위대하구나!

50 鼎

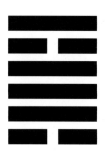

元吉, 亨.

《彖》曰：鼎, 象也. 以木巽火, 亨饪也. 圣人亨以享上帝, 而大亨以养圣贤. 巽而耳目聪明, 柔进而上行, 得中而应乎刚, 是以元亨.

'음식을 삶는' 화풍정괘의 '솥'은 모양이라. 나무의 겸손함으로 불을 때서 (음식을) 삶아 익힘이다. 성인이 음식을 삶아서 상제께 제사 올리고, 크게 지내는 제사로써(큰 제사를 통해서) 성현을 양성한다. 겸손하여 눈과 귀가 총명하고, 유가 나아가되 위로 가며, 중도를 얻어(육오효) 강이 호응하니(구이효) 이로써 크게 형통하다.

* **괘사(卦辭) : 元吉, 亨.**

* 鼎(정) : 솥, 점괘, 삼공의 자리, 말뚝, 의자 등의 뜻이 있으나 여기서는 '솥'
  으로 해석하였음.

* 亨(형, 향, 팽) : 형통하다, 통달하다, 제사를 올리다, 제사, 드리다, 음식을
  올리다, 삶다 등의 뜻이 있으나 여기서는 '삶다', '제사 지내다' 등으로 해
  석하였음.

* 大亨(대향) : 혹자는 '음식을 많이 삶다'로 해석하기도 하나 필자는 '큰 제
  사'로 해석하였음.

* 飪(임) : 익히다, 너무 익다, 삶다, 잘 고아지다, 곰국, 떡국, 잘 끓인 음식
  등의 뜻이 있으나 여기서는 '익히다'로 해석하였음.

* 괘사(卦辭) : 亨. 震来虩虩, 笑言哑哑 ; 震惊百里, 不丧匕鬯.

* 震(진, 신) : 우레, 천둥, 벼락, 지진, 위엄, 위세, 동쪽, 벼락이 치다, 두려워 떨다, 흔들리다, 놀라다, 위세를 떨치다, 성내다, 마음이 움직이다, 격동하다, 공감하다, 임신하다, 회임하다 등의 뜻이 있으나 여기서는 '우레', '벼락' 등으로 해석하였음.

51 震

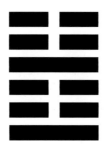

亨. 震来虩虩, 笑言哑哑；震惊百里, 不丧匕鬯.

《彖》曰：震亨, 震来虩虩, 恐致福也. 笑言哑哑, 后有则也. 震惊百里, 惊远而惧迩也. [不丧匕鬯], 出可以守宗庙社稷, 以为祭主也.

'천둥 번개 치는' 중뢰진괘가 '형통하고, 벼락이 쳐서 두려워한다' 함은 두려워함이 복을 부름이다. '하하 웃으며 말한다' 함은 후에 법도가 있음이다. '천둥 번개가 백 리를 두렵게 한다' 함은 가깝고 멀리 있는 사람을 (두루) 두렵게 함이다. '수저와 울창주를 잃지 않는다' 함은 나아가 종묘사직을 지킬수 있도록 이로써 제사를 주관함이다.

52 艮

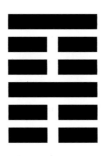

艮其背, 不获其身 ; 行其庭, 不见其人, 无咎.

《象》曰：艮, 止也. 时止则止, 时行则行, 动静不失其
时, 其道光明. 艮其止, 止其所也. 上下敌应, 不相与
也. 是以不获其身, 行其庭不见其人, 无咎也.

'멈추는' 중산간괘의 '간'은 그침이다. 그쳐야 할 때 그치고, 행해야 할 때 행하여, 움직이고 멈춤이 그때를 잃지 않으니 그 도가 밝게 빛난다. '그쳐야 할 때 그친다' 함은 그쳐야 할 곳에서 그침이다. 위아래가 맞서 대응하니 서로 함께하지 않는다. 이러함으로 그 몸을 얻지 못하고, 그 뜰에 나아가도 그 사람을 만날 수 없으나, 무구하다.

* **괘사(卦辭)：艮其背, 不获其身；行其庭, 不见其人, 无 咎.**
* **艮(간, 은)** : 한계, 그치다, 멈추다, 한정하다, 어렵다, 가난하다, 머무르다, 어긋나다, 거스르다, 견고하다, 은(銀) 등의 뜻이 있으나 여기서는 '그치다', '멈추다', '머무르다' 등으로 해석하였음.

※ "위아래가 맞서 대응하니 서로 함께하지 않는다"라고 했는데 이는 육효의 짝들이 호응하지 못하는, 소위, '비응효'라는 점을 두고 한 말이다. 초효와 사효, 이효와 오효, 삼효와 상효 사이가 '음:음, 양:양'의 관계로 이루어졌다는 뜻이다.

---

* **괘사(卦辭) : 女归吉, 利贞.**

* 漸(점) : 점점, 차츰, 번지다, 천천히 나아가다, 스미다, 흐르다, 자라다, 적시다, 젖다, 험하다, 차례 등의 뜻이 있으나 여기서는 '천천히 나아가다'로 해석하였음.

* 歸(귀) : 돌아가다, 돌아오다, 돌려보내다, 따르다, 붙좇다, 의탁하다, 맡기다, 위임하다, 마치다, 끝내다, 시집가다, 편들다, 맞다, 적합하다, 모이다, 합치다, 선물하다, 자수하다, 죽다, 부끄러워하다, 몸을 의탁할 곳 등의 뜻이 있으나 여기서는 '시집가다'로 해석하였음.

53 渐

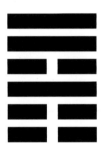

女归吉, 利贞.

《彖》曰：渐, 之进也, 女归吉也. 进得位, 往有功也. 进以正, 可以正邦也. 其位, 刚得中也. 止而巽, 动不穷也.

'천천히 나아가는' 풍산점괘의 '점'은 앞으로 나아감이고, 여자가 시집가면 길하다. 나아가 자리를 얻고, 공로가 있다. 바르게 나아가고, 나라도 바르게 할 수 있다. 강(구오효)이 중도를 얻는 자리이다. 멈추고(하괘 덕성) 공손하여(상괘 덕성) 움직여도 궁색하지 않다.

54 归妹

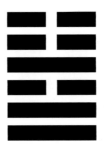

征凶, 无攸利.

《象》曰：归妹, 天地之大义也. 天地不交, 而万物不兴. 归妹, 人之终始也. 说以动, 所归妹也. 征凶, 位不当也. 无攸利, 柔乘刚也.

'시집가는' 뇌택귀매괘는 천지의 큰 뜻이다. 천지가 사귀지 않으면 만물이 흥하지 않는다. 시집간다는 것은 인간 (도리의) 시작이자 끝이다. 기쁘게 움직이니 여자가 돌아갈 곳이다. '정벌이 흉하다' 함은 자리가 합당하지 않음이다(초구와 상육을 제외한 나머지 4개 효 모두 자리가 부당하다). '이로울 바 없다' 함은 유가 강을 올라탐이다.

---

* 괘사(卦辭) : 征凶, 无攸利.

* 妹(매) : 손아래 누이, 소녀, 여자, 사리에 어둡다 등의 뜻이 있으나 여기서
는 '여자'로 해석하였음.

※ '유(柔)가 강(剛)을 올라 탐이다.'라는 말을 했는데, 이 때 유는 음효를 말
하고, 강은 양효를 말한다. '음효가 양효를 올라 탔다'라는 것은 중도를
얻은 육오효가 짝 구이효가 아닌 구사효를 선택함을 말한다.

---

* 괘사(卦辭) : 亨, 王假之 ; 勿忧, 宜日中.

* 豊(풍) : 풍년, 잔대, 부들, 왕골, 풍년이 들다, 우거지다, 무성하다, 성하다, 두텁다, 살지다, 넉넉하다, 풍성하다, 가득하다, 크다 등의 뜻이 있으나 여기서는 '풍성하다'로 해석하였음.

* 食(식) : 밥, 음식, 제사, 벌이, 생활, 생계, 먹다, 먹이다, 현혹게 하다, 지우다 등의 뜻이 있으나 여기서는 '지우다'로 해석하였음.

55 丰

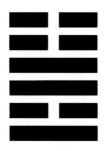

亨, 王假之；勿忧, 宜日中.

《象》曰：丰, 大也. 明以动, 故丰. 王假之, 尚大也. 勿忧宜日中, 宜照天下也. 日中则昃, 月盈则食, 天地盈虚, 与时消息, 而况于人乎, 况于鬼神乎?

'풍성한' 뇌화풍괘의 '풍'은 성대함이다. 밝게(하괘 덕성) 움직이는(상괘 덕성) 고로 풍성하다. '왕이 온다' 함은 성대함을 좋아함이다. '마땅히 해가 중천에 있는 것처럼 근심하지 말라' 함은 마땅히 천하를 비춤이다. 해가 중천에 있는 즉 기울고, 달이 차는 즉 이울고, 하늘과 땅이 차고 비며, 때와 더불어 사라지고 자라나는데 하물며, 사람에게서이랴. 하물며, 귀신에게서이랴.

56 旅

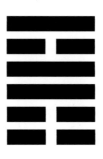

小亨, 旅贞吉.

《象》曰：旅, 小亨, 柔得中乎外, 而顺乎刚, 止而丽乎明, 是以小亨旅贞吉也. 旅之时义大矣哉.

'여행하는' 화산려괘가 '조금 형통하다' 함은 유(육오효)가 밖에서 중도를 얻고, 강(구사효와 상구효)에 순종하며, 멈추어 (하괘 덕성) 밝게(상괘 덕성) 빛나니 이로써 조금 형통한 화산려괘가 곧고 길하다. 여행하는 때의 의미가 크구나!

* 괘사(卦辭) : 小亨, 旅貞吉.

* 旅(려) : 나그네, 군대, 무리, 군중, 자제, 척추, 등뼈, 길, 도로, 함께, 다 같이, 객지살이하다, 여행하다, 산신에게 제사 지내다, 자생하다, 벌여놓다, 진열하다 등의 뜻이 있으나 여기서는 '나그네', '여행하다' 등으로 해석하였음.

* 괘사(卦辭) : 小亨, 利有攸往, 利见大人.
* 巽(손) : 부드럽다, 유순하다, 공손하다, 사양하다, 동남쪽 등의 뜻이 있으나 여기서는 '공손하다'로 해석하였음.

57 巽

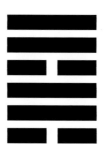

小亨, 利有攸往, 利见大人.

《象》曰：重巽以申命, 刚巽乎中正而志行. 柔皆顺乎刚, 是以小亨, 利有攸往, 利见大人.

'공손한' 중풍손괘는 지극한 공손함으로 명을 펴고, 강(구오효)이 중도의 바름으로 공손하게 뜻을 행한다. 유(초육, 육사효)가 다 강에게 순종하며, 이로써 조금 형통하고, 갈 바가 있어 이로우며, 대인을 만나는 이로움이 있다.

58 兑

亨, 利贞.

《象》曰：兑, 说也. 刚中而柔外, 说以利贞, 是以顺乎天, 而应乎人. 说以先民, 民忘其劳. 说以犯难, 民忘其死. 兑之大, 民劝矣哉.

'기뻐하는' 중택태괘의 '태'는 기쁨이다. 강(구오효)이 중도를 얻고, 유(상육효)가 바깥에 있으며, 기쁨으로(상·하괘 덕성) 이롭고 곧아서 이로써 하늘에 순종하고, 사람이 호응한다. 기쁨으로써 백성을 이끌면 백성은 그 노고를 잊지 않는다. 기쁨으로써 어려움을 뛰어넘으면 백성은 죽음(마저) 잊는다. 기쁨의 위대함이 백성을 움직이는구나!

* 괘사(卦辭) : 亨, 利贞.
* 兌(태, 열, 예) : 바꾸다, 교환하다, 기쁘다, 기뻐하다, 곧다, 굽지 아니하다, 통하다, 모이다, 서방, 구멍, 날카롭다, 데치다, 삶다, 기뻐하다, 즐거워하다 등의 뜻이 있으나 여기서는 '기뻐하다'로 해석하였음.
* 先(선) : 먼저, 미리, 옛날, 이전, 앞, 처음, 돌아가신 이, 선구, 앞선 사람, 조상, 형수, 앞서다, 뛰어넘다, 이끌다, 나아가다, 앞으로 가다, 높이다, 중히 여기다, 뛰어나다 등의 뜻이 있으나 여기서는 '이끌다'로 해석하였음.
* 犯(범) : 범하다, 침범하다, 법을 어기다, 치다, 공격하다, 이기다, 무시하다, 거스르다, 어긋나다, 속이다, 거짓말하다, 거치다, 뛰어넘다, 만나다, 일으키다, 빚어내다, 범인, 죄인 범죄 등의 뜻이 있으나 여기서는 '거치다', '뛰어넘다'로 해석하였음.

* 괘사(卦辭) : 亨, 王假有庙, 利涉大川, 利贞.

* 渙(환) : 흩어지다, 풀리다, 찬란하다, 빛나다, 호령을 발포하다, 물이 많고 세찬 모양, 물의 이름 등의 뜻이 있으나 여기서는 '흩어지다'로 해석하였음.

* 乘木有功也(승목유공야) : 직역하면 '나무(배)에 올라타고서 공을 세움'이다. 풍수환괘의 상괘(上卦)인 풍(風)이 곧 손(巽)이고, 손이 곧 목(木)이다 (설괘전 제11장). 목(木)이 물 위를 떠간다는 것은 곧 나무로 만든 배를 타고서 험난한 강을 건넌다는 뜻이다. 따라서 섭대천(涉大川)하여 공을 세운다는 뜻이 된다.

59 渙

亨, 王假有庙, 利涉大川, 利贞.

《象》曰：渙亨, 刚来而不穷, 柔得位乎外, 而上同. 王假有庙, 王乃在中也. 利涉大川, 乘木有功也.

'흩어지는' 풍수환괘가 '형통하다' 함은 강(구이효)이 와서 궁색해지지 않고, 유(육사효)가 밖에서 자리를 얻고, 위(구오효)와 함께함이다. '왕이 종묘에 온다' 함은 왕이 중도에 머묾이다. '큰 강을 건넘이 이롭다' 함은 나무배에 올라타 공을 세움이다.

60 节

亨, 苦节不可, 贞.

《彖》曰：节亨, 刚柔分而刚得中. 苦节不可贞, 其道穷也. 说以行险, 当位以节, 中正以通. 天地节, 而四时成. 节以制度, 不伤财, 不害民.

'통제하는' 수택절괘가 '형통하다' 함은 강유가 분리되어 강(구오효)이 중도를 얻음이다. '괴로운(힘든) 절제는 끝까지 갈 수 없다' 함은 그 도가 궁색해짐이다. 기쁘게(하괘 덕성) 험함으로(상괘 덕성) 행하니 자리에 합당하게 통제하고 중도를 바르게 함으로써 통한다. 천지가 통제하니 사시가 이루어진다. (통제하는) 절괘로써 법도를 마름질하고, 재물을 손상하지 않으며, 백성에게 해를 끼치지 않는다.

* 괘사(卦辭) : 亨, 苦节不可, 贞.

* 節(절) : 식물의 마디, 동물의 관절, 예절, 절개, 절조, 철, 절기, 기념일, 축제일, 항목, 사항, 단락, 박자, 풍류, 가락, 절도, 절약하다, 절제하다, 높고 험하다, 우뚝하다, 요약하다, 초록하다, 제한하다 등의 뜻이 있으나 여기서는 '절제하다'에서 확대 심화된 의미인 '통제하다'로 해석하였음.

※ '강유가 분리되어 강(구오효)이 중도를 얻음이다.'라고 했는데, 여기서 '강유가 분리되었다'라는 말은 상괘인 수(水)의 모체는 곤(坤)인데 건(乾)의 양효 하나가 이효로 왔다는 뜻이고, 하괘 택(澤)의 모태는 건(乾)인데, 곤(坤)의 음효 하나가 삼효로 왔다는 뜻으로 읽힌다.

---

* 괘사(卦辭) : 豚鱼吉, 利涉大川, 利贞.

* 中(중) : 가운데, 안, 속, 사이, 진행, 마음, 심중, 몸, 신체, 내장, 중도, 절반, 장정, 관아의 장부, 안건, 가운데 등급, 중매, 버금, 가운데에 있다, 부합하다, 맞다, 맞히다, 적중시키다, 급제하다, 합격하다, 해당하다, 뚫다, 바르다, 곧다, 가득하다, 이루다, 이루어지다, 고르다, 고르게 하다, 간격을 두다, 해치다 등의 다양한 뜻이 있으나 여기서는 '가득하다'로 해석하였음.

* 孚(부) : 미쁘다, 붙다, 붙이다, 달리다, 알이 깨다, 가르다, 자라다, 빛나다, 껍질, 겉겨, 알, 씨, 옥이 빛나는 모양 등의 뜻이 있으나 여기서는 '미쁘다'로 해석하였음.

※ "유(柔)가 빈 나룻배를 탐이다"라는 말은 보충설명이 필요하다. 초효(初爻)와 상효(上爻) 사이에 있는 중효(中爻)들의 문제인데, 강중(剛中)을 얻은 구오효(九五爻)와 육삼효(六三爻), 그리고 역시 강중을 얻은 구이효(九二爻)와 육사효(六四爻)의 협력 관계를 말한다. 이런 해석은 『계사전(繫辭傳)』하(下) 제9장에서 그 당위를 찾을 수 있다.

61 中孚

豚鱼吉, 利涉大川, 利贞.

《彖》曰：中孚, 柔在内而刚得中, 说而巽, 孚乃化邦也. 豚鱼吉, 信及豚鱼也. 利涉大川, 乘木舟虚也. 中孚以利贞, 乃应乎天也.

'믿음이 지극한' 풍택중부괘는 유(음효:육삼 & 육사)가 안에 있고, 강(구오효, 구이효)이 중도를 얻어 기쁨으로(하괘 덕성) 공손하니(상괘 덕성) 그 믿음이 나라를 변화시킨다. '돼지와 물고기가 길하다' 함은 돼지와 물고기에게까지 신뢰가 미침이다. '큰 강을 건넘이 이롭다' 함은 유가 빈 나룻배를 탐이다. '지극한 믿음이 이롭고 곧다' 함은 이내 하늘에 호응함이다.

62 小过

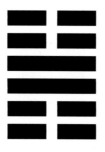

亨, 利贞；可小事, 不可大事, 飞鸟遗之音, 不宜上, 宜下, 大吉.

《彖》曰：小过, 小者过而亨也. 过以利贞, 与时行也. 柔得中, 是以小事吉也. 刚失位而不中, 是以不可大事也. 有飞鸟之象焉, 飞鸟遗之音, 不宜上宜下大吉, 上逆而下顺也.

'작은 것이 지나치는' 뇌산소과괘는 작은 것(음효)이 넘치고 형통함이다. 넘치어 이롭고 곧으나 때와 더불어 행한다. 유(육이효, 육오효)가 중도를 얻어 이로써 작은 일에 길하다. 강(구삼효, 구사효)이 자리를 잃고 중도를 얻지 못하여 이로써 큰일이 불가하다. '나는 새의 상이 있으매 나는 새 소리를 남기고, 위(육오효)가 마땅하지 않고, 아래(육이효)가 마땅하여 크게 길하다' 함은 올라가 거스르고 내려가 순종함이다.

* 괘사(卦辭) : 亨, 利贞 ; 可小事, 不可大事, 飞鸟遗之音, 不宜上, 宜下, 大吉.

* 過(과, 화) : 지나다, 지나는 길에 들르다, 경과하다, 왕래하다, 교제하다, 초과하다, 지나치다, 분수에 넘치다, 넘다, 나무라다, 보다, 돌이켜보다, 옮기다, 허물, 잘못, 예전, 재앙 등의 뜻이 있으나 여기서는 '지나치다'로 해석하였음.

* 괘사(卦辭) : 亨小, 利贞 ; 初吉终乱.

* 濟(제) : 건너다, 돕다, 도움이 되다, 구제하다, 이루다, 성공하다, 성취하다, 더하다, 소용 있다, 쓸모가 있다, 유익하다, 많다, 그치다, 원조, 도움, 나루, 물의 이름 등의 뜻이 있으나 여기서는 '건너다', '이루다'로 해석하였음.

※ "강유가 바르고 (그) 자리가 합당함이다"라고 했는데 이는 육효가 '양-음-양-음-양-음'으로 홀수 자리에 양효가 오고, 짝수 자리에 음효가 와서 정위(正位)했다는 뜻이다.

63 既济

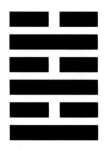

亨小, 利贞; 初吉终乱.

《彖》曰: 既济亨, 小者亨也. 利贞, 刚柔正而位当也.
初吉, 柔得中也. 终止则乱, 其道穷也.

'이미 다 이룬' 수화기제괘가 '형통하다' 함은 작은 일에 형통함이다. '이롭고 곧다' 함은 강유(양효 & 음효)가 바르고 (그) 자리가 합당함이다. '처음이 길하다' 함은 유(육이효)가 중도를 얻음이다. '끝이 나 멈추는즉 어지럽다' 함은 그 도가 궁색해짐이다.

64 未济

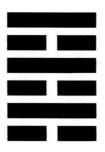

亨；小狐汔济, 濡其尾, 无攸利.

《象》曰：未济亨, 柔得中也. 小狐汔济, 未出中也. 濡其尾, 无攸利, 不续终也. 虽不当位, 刚柔应也.

'아직 이루지 못한' 화수미제괘가 '형통하다' 함은 유(육오효)가 중도를 얻음이다. '어린 여우가 물을 건너다 그만둠'이란 아직 (물) 속에서 나오지 못함이다. '그 꼬리를 물에 적시어 이로울 바가 없다' 함은 계속해서 끝내지 못함이다. 비록, 자리가 부당하나(초효에서 상효까지 여섯 효 모두) 강과 유(초효:구사, 구이:육오, 육삼:상구)가 호응한다.

* 괘사(卦辭) : 亨 ; 小狐汔済, 濡其尾, 无攸利.

* 汔(흘, 글) : 이르다, 마치다, 그만두다, 다하다, 마침내, 모두, 까지 등의 뜻이 있으나 여기서는 '그만두다'로 해석하였음.

※ "비록, 자리가 부당함"이란 초효(初爻)부터 상효(上爻)까지 여섯 개의 효 (爻)가 모두 '부정위(不正位)'했다는 뜻이다. 양(陽)의 자리에 양효(陽爻)가 와야 하고, 음(陰)의 자리에 음효(陰爻)가 와야 하는데 정반대로 왔기에 '미제(未濟)'라는 의미가 부여되었다. 그러나 짝효들은 모두 호응하는 '음과 양'으로 이루어졌다.

핵심내용 집중탐구

01

'단전(彖傳)'이란 무엇인가

'단전(彖傳)' 혹은 '단사(彖辭)'라고 부르는 이것은 무엇인가? 주역(周易)을 설명하는 '십익(十翼)' 가운데 둘을 차지하는 단전(彖傳)은, 「계사전(繫辭傳)」이나 「상전(象傳)」과 마찬가지로 상전(上傳)과 하전(下傳)으로 나누어져 있다. 이 「단전(彖傳)」은 주역 64개 괘마다 붙여진 이름[卦名]과 말씀 곧 괘사(卦辭)를 일일이 설명하는 내용으로 그 문장이 길지는 않다. 계사(繫辭)보다 내용이 쉽고, 간단명료하게 설명하나 일정한 질서가 있어서 금세 익숙해진다. 그 일정한 질서를 이해하면 오히려 설명이 부족하고, 한계가 있다고 불만을 표출할 독자도 있을 것이다.

여하튼, 단사를 제대로 읽으면 64개의 괘마다 다르게 갖는 그 이름과 그 의미를 분명하게 알게 되고, 삼효(三爻) 단괘(單卦)로 된 팔괘(八卦) 가운데 어떤 괘가 상하(上下)로 조합되었는지도 저절로 알게 되어, 조합으로 생기는 괘마다 그 특성

(德性+性品)을 이해하게 된다.

　괘사(卦辭)는 굉장히 간단하고 함축적이고, 또한 일방적으로 붙여졌기에 '왜?'에 관한 설명이 필요한 것이 사실이다. 64개의 괘(卦)가 팔괘의 조합으로 이루어지므로 상괘(上卦)와 하괘(下卦)의 덕성(德性)에 따라서 '새롭게 생성되는 세계'를 갖게 되는데, 그 세계 자체가 음양(陰陽) 변화 관계로 형성되는 것이며, 우리 인간에게는 자신의 의지와 상관없이 주어지거나 드리워지는, 일종의 하늘과 땅이 만들어내는 '자연적인', 그리고 '시대적인' 상황(狀況)이라고 말할 수 있다. 그래서 그 주어진 상황 속에서 우리가 어떻게 처신해야 하는지, 한 마디씩 그 특징과 함께 조언(助言)해 준 것이 바로 괘사(卦辭)라면, 그 괘사에서 내린 판단의 이유와 근거를 아주 짤막하게 보충 설명해 주는 것이 단사(彖辭)이다. 그러므로 제1괘인 중천건괘(重天乾卦)로부터 제64괘인 화수미제괘(火水未濟卦)까지 64개 괘에 딸린 괘사(卦辭 : 옛, 彖辭) 내용을 조목조목 설명한다.

　그런데 설명하는 내용과 형식을 일별해보면, 어떤 '일정한 규칙'이 있음을 어렵지 않게 알아차릴 수 있다. 그 일정한 규칙이란 무엇인가?

첫째, 모든 단사(彖辭)는 '彖曰(단왈)'로 시작한다. '단사에서 이르기를' 혹은 '단사에서 말했다'가 되는데 이때 '단사'란 지금의 괘사(卦辭)로 괘의 성품과 작용과 관련하여 이해(利害) 길흉(吉凶)을 판단한 내용이다.

둘째, 주 내용 면에서 보면, 괘의 성정(性情)과 특징과 의미가 괘상(卦象)을 근거로 하여 '괘명(卦名)'으로 먼저 드러나는데 그 괘명의 의미와 그 의미의 당위를 설명하고, 이해 길흉에 관한 판단의 근거를, 다시 말해 그렇게 판단한 이유를 설명하는 내용이 대부분을 차지한다.

셋째, 하괘(下卦)와 상괘(上卦)의 덕성(德性)이 빠짐없이 언급된다. 이때 하괘를 내괘(內卦)라고도 하고, 상괘를 외괘(外卦)라고도 한다. 그리고 그 덕성이라고 하는 것은 「설괘전(說卦傳)」에서 말하는 팔괘(八卦)의 성정(性情), 성품(性品)을 말한다. 따라서 팔괘의 성품을 모르면 단전을 온전히 이해하기가 어렵고, 단전을 이해하지 못하면 괘사 내용에 동의할 수도 없다.

넷째, '중도(中道)'를 얻는 효(爻)에 대해 대부분 언급한다. 따라서 주역에서 말하는 중도가 무엇인지를 분명하게 알 필요가 있고, 중도를 얻는 효(爻)가 이효(二爻)와 오효(五爻)로 국한된다는 점도 알아야 한다. 동시에 이들이 양효(陽爻)냐 음효(陰爻)이냐도 중요하다. 일을 처리하는 능력 문제와 관련되어 있기 때문이다.

다섯째, 육효의 전체적인 모습[卦象]에서 음(陰)과 양(陽)의 ①세(勢)와 ②관계(關係)가 중요하게 언급된다. 음양의 세(勢)를 언급할 때는 육효 안에서 음효(陰爻)와 양효(陽爻) 중 어느 효가 많고 적느냐의 문제이고, 앞으로 전개될 효의 변화 곧 효의 증감(增減) 문제까지도 염두에 두고 말하는 경우가 있다. 이뿐만 아니라, 음, 양효 중 어느 효가 상대 효들로부터 '고립(孤立)' 또는 '갇힘'의 상황에 놓였는지도 언급된다. 대개, 음과 양은 친밀한 관계로써 협력하여 조화로움을 부리지만 서로 대립하고 배척하는 관계도 있다. 해당 괘의 성품으로 결정되는 것 같다.

여섯째, 육효 간의 관계(關係)를 읽는 데에는 몇 가지 기본적 요소가 공식처럼 적용된다. 그것은 짝이 되는 효(爻)와 호응 여부(應爻/非應爻), 상하(上下) 이웃하는 효와 친하게 사귈 수 있는지에 관한 조건 성립 여부(親比, 協力關係 有無), 각 효 자리의 합당성 여부(正位/不正位) 등이다. 이 중에서 가장 많이 얘기되는 게 바로 자리[位] 문제와 호응 문제이다. 호응의 대상도 강(剛)과 유(柔)일 수 있고, 하괘(下卦)와 상괘(上卦)일 수도 있으며, 특정 효와 하늘[天]일 수도 있다.

  일곱째, '도(道)'가 성(盛)한지 궁(窮)한지를 자주 중요하게 언급한다. 역시 주역에서 말하는 도가 무엇인지를 분명하게 알 필요가 있고, '그 도가 궁색해지다(其道窮也)'라는 말을 네 개 괘사[비괘(否卦), 건괘(蹇卦), 절괘(節卦), 기제괘(旣濟卦)]를 설명하면서 했는데 그 구체적인 의미도 설명되어져야 한다고 믿지만, 그 어디에도 없다.

  이처럼, 단사에서 ①상괘(上卦)와 하괘(下卦)의 덕성(德性) ②중도(中道)를 얻은 효(오효 & 이효)의 구실, 역할, 활동 ③괘명의 의미 ④효(爻) 간의 호응(呼應)과 각 효의 정위(正位) ⑤이해(利害) 길흉(吉凶) 등 판단에 대한 근거 제시 등이 그 핵심이라고 할 수 있다. 그리고 드물게 언급되는 요소들이 있는데 ①중도를 얻지는 못하나 주도적인 역할을 하는 이른바 주인공 격인 효의 작용 설명 ②육효 가운데 그 수(數)나 세(勢)가 미약하나 점차 증대되는 앞날과 연계하여 그 역할을 강조 설명함 등이 그것이다 이러한 내용과 방식으로 단사(彖辭)가 기술되되 괘사를 설명하기 때문에 '~라 함(괘사 내용)은 ~뜻이다(설명)'라는 구조상의 문장이 아주 많다. 중요한 것은 우리가 음양 부호로써 도식된 괘상(卦象)만을 보고서 단사(彖辭) 집필자처럼 괘사를 읽으며 설명할 수 있어야 하는데 과연 그렇게 할 수 있을까? 이것이 문제로다. 만약, 64개 괘의 의미와 성격과 특징은 물론이고, 괘사의 합당성을 이해하여 공감하고, 말(卦名, 卦辭, 爻辭 등)이 빠진 괘상(卦象)만을 보고도 읽을 수 있다면 육효사(六爻辭)를 다른 버전으로 바꾸어 쓸 수도 있으리라고 본다. 여기에 '다른 버전'이란 오늘날의 변화된 환경에 맞게 빗대어 말할 수 있다는 뜻이다.

필자는 이러한 이유와 배경에서 주역(周易)의 「계사전(繫辭傳)」에 이어서 단사(彖辭)를 떼어내어 우리말로 번역하면서 그 내용과 형식을 눈여겨보았는데, 단사에서 가장 중요한 사실은, 음(陰)과 양(陽)의 상호 작용으로 만들어지는 64개 괘가 갖는 의미의 세계가 인간의 바람[願]이나 의지와 상관없이 천지가 작용하여 만들어주는 시대적 상황이라는 인식이 전제되었고, 그 안에서 어떻게든 처신, 또는 대처해야 하는 인간의 도리를 중심으로 설명하다 보니 자연스럽게 하늘과 땅의 이치나 관계로써 합리화를 꾀한다는 점이다. 이 말은 반대로 하늘과 땅의 관계나 이치를 통해서 상황별 인간의 도리나 처세 방법을 제시하고 설명함이 바로 주역의 목적이라는 뜻이다.

　

-2021. 08. 05.

02

단사(彖辭)를 읽는데 전제되는 다섯 가지 원칙

1. 64개의 괘는 팔괘의 조합으로 이루어진다. 이는 팔괘가 64괘의 재료가 된다는 뜻이고, 64괘 하나하나의 덕성(德性)을 이루는 자질(資質)이 된다는 뜻이다. 그래서 팔괘의 의미, 덕성 등을 이해하는 것은 매우 중요하다. 따라서 이를 설명한 「설괘전(說卦傳)」을 반드시 읽어야 한다. 최소한 「乾-剛, 健 / 兌-說 / 离-明, 麗 / 巽-入, 謙 / 坤-柔, 順 / 艮-止 / 坎-險 / 震-動」이라는 기본적 덕성은 반드시 알아야 한다.

2. 64괘는 팔괘 가운데 두 개의 괘(卦)가 위아래로 결합하여 만들어지는데 위에 붙는 괘를 '상괘(上卦)'라 하고, 아래에 붙는 괘를 '하괘(下卦)'라고 부른다. 그 상·하괘의 덕성에 따라서 그 괘의 의미가 결정된다. 그 의미가 결정된다는 것은 그 괘가 작용하는 특성(德性)이 결정된다는 뜻이다.

3. 상괘(上卦)를 '외괘(外卦)'라고 하고, 하괘(下卦)를 '내괘(內卦)'라고도 하는데 언제나 아래에 있는 하괘 곧 내괘가 중심이 된다.

4. 하괘(下卦)는 위로 작용하고, 상괘(上卦)는 아래로 작용한다. 이때 작용한다는 것은 움직이는 방향이다. 그래서 똑같은 두 개의 괘로 이루어졌어도 그 위치가 바뀌면, 다시 말해, 상·하괘의 자리가 뒤바뀌면 전혀 다른 의미의 괘가 되어버린다. 예컨대, '천지비(天地否)'에서 위아래가 바뀌면 '지천태(地天泰)'가 되고, '수뢰둔(水雷屯)'이 '뇌수해(雷水解)'가 되어 전혀 다른 의미를 띤다.

5. 강(剛:陽卦)이 아래로 내려와 하괘(下卦)가 되고, 유(柔:陰卦)가 위로 올라가는 조합(組合)이 좋다. 그래서 팔괘(八卦)를 양괘(陽卦)와 음괘(陰卦)로 분별할 줄 알아야 한다. 통상적으로, 괘의 음효와 양효의 획수를 헤아려 그 합이 홀수이면 양괘, 짝수이면 음괘로 판단한다. 그리고 「乾-父 / 兌-小女 / 离-中女 / 巽-長女 / 坤-母 / 艮-小男 / 坎-中男 / 震-長男」으로 설괘전(說卦傳)에서 빗대었는데 이로써 판단하기도 한다. 이 두 가지로 분별하면, 「乾-震-坎-艮」이 양괘(陽卦)이고, 「坤-巽-离-兌」가 음괘(陰卦)이다.

그러나 나의 개인적인 판단은 다르다. 태극(太極)에서 나온 양(陽)이 천인지(天人地)에 두루 미치어 양효 셋으로써 건(乾)을 도식하고, 태극에서 나온 음(陰)이 천인지(天人地)에 두루 미치어 음효 셋으로써 곤(坤)을 도식하였다. 그래서 건곤(乾坤)이 역(易)의 문(門)이 되어서 정위(正位)하고, 건(乾)의 세 양효(陽爻)가 차례로 위에서부터 하나씩 음효(陰爻)로 바뀌면 태(兌), 리(离), 손(巽)이 된다. 따라서 이들이 양음(陽陰)으로 섞여 있어도 모두 건(乾)에서 나왔으므로 양괘(陽卦)가 된다. 그렇듯, 곤(坤)의 세 음효(陰爻)가 차례로 위에서부터 하나씩 양효(陽爻)로 바뀌면 간(艮), 감(坎), 진(震)이 된다. 따라서 이들이 음양(陰陽)으로 섞여 있어도 모두 곤(坤)에서 나왔으므로 음괘(陰卦)가 된다. 이런 나의 판단으로 보면, 「乾-兌-离-巽」이 양괘(陽卦)이고, 「坤-艮-坎-震」이 음괘(陰卦)가 된다. 이 내용을 이해하기 쉽게 도식하면 아래 「이시환의 팔괘 생성원리와 덕성」과 같다. 최종 판단은 여러분의 몫이나 현재, 「단사」에서는 「설괘전」에서 말한 구분법에 따라 설명되었다.

이런 다섯 가지 기본 원칙을 염두에 두고 64개 괘의 하나하나 의미를 분별해야 하고, 괘사(卦辭)의 의미를 새겨야 하며, 괘사를 설명한 단사(彖辭)를 읽어야 한다. 반드시 괘상(卦象)을 옆에 두거나 떠올리면서 말이다.

[이시환의 팔괘 생성원리와 덕성]

팔괘명 (八卦名)	乾 (天)	兌 (澤)	离 火()	巽 (風)	坤 (地)	艮 (山)	坎 (水)	震 (雷)	참고사항
괘상(卦象)	☰	☱	☲	☴	☷	☶	☵	☳	*괘가 3획으로 도식된 것은 천인지(天人地)를 상징함이다.
덕성(德星)	剛, 健	說	明, 麗	入, 謙	順, 柔	止	陷	動	
생성원리	1. 건이 위에서부터 아래로 한차례씩 양이 음으로 변(変)하여 태, 리, 손이 생(生)긴다.				1. 곤이 위에서부터 아래로 한차례씩 음이 양으로 화(化)하여 간, 감, 진이 성(成)한다.				*건곤이 역(易)의 문(門)이기 때문임 *변화/생성이란 말이 생김.
괘구분 (陽·陰)	양괘(陽卦)				음괘(陰卦)				

이시환 작성 ⓒ 2021.08.20.

03

육효(六爻) 괘상(卦象) 읽는 법

<u>1.</u> 각 효(爻)가 정위(正位)인지 부정위(不正位)인지 확인한다. 초효(初爻), 삼효(三爻), 오효(五爻) 자리에 양(陽)이 오고, 이효(二爻), 사효(四爻), 상효(上爻) 자리에 음(陰)이 오는 것을 '정위(正位)'라고 하고, 그렇지 않은 경우를 '부정위(不正位)'라고 한다. 한마디로 말해, 양(陽)의 자리에 양효(陽爻)가 오고, 음(陰)의 자리에 음효(陰爻)가 오는 것을 '정위(正位)'라고 한다.

<u>2.</u> 짝이 되는 효(爻)들이 호응(呼應)하는지 못하는지를 확인한다. 짝이 음양(陰陽)으로 이루어지면 호응하는 '응효(應爻)'라고 하고, 그렇지 않은 경우를 호응하지 못하는 '비응효(非應爻)'라고 한다. 짝이란 지(地)을 상징하는 초효-사효, 사람[人]을 상징하는 이효-오효, 하늘[天]을 상징하는 삼효-상효를 각각 '짝'이라 한다.

3. 중도(中道)를 얻은 이효(二爻)와 오효(五爻)가 양(陽)인지 음(陰)인지 확인한다. 양(陽)이면 '강중(剛中)'이라 하고, 음(陰)이면 '유중(柔中)'이라 한다. 오효가 강(剛)이고 이효가 유(柔)이면 이상적이다. 만약, 오효가 음이면 삼효(三爻)가 양이면 좋다.

4. 육효(六爻) 가운데 가장 중요하고 큰일을 하는 주인공과 같은 효(爻)를 분별한다. 물론, 오효가 제일 많고, 그다음이 이효이다. 이들 외에 삼효, 사효, 상효, 초효도 드물게 주인공이 되기도 한다.

5. 육효의 전체적인 모습을 통시적으로 살핀다. 음효(陰爻)와 양효(陽爻)의 세력(勢力)이나 그 위치를 보고서 고립(孤立), 제지(制止), 밀어내는[相推] 관계 등을 판단하고, 인내하면서 세를 점차 키우는지, 아니면 쫓겨나는지를 앞으로 다가올 괘(卦)를 염두에 두고 판단한다. 주로, '12피괘설(辟卦說)'과 관련된 괘에서 이런 설명이 있다. 예컨대, 복괘(復卦)에서 하나뿐인 초효의 양효(陽爻)를 두고 강(剛)이 돌아왔다고 했다. 임괘(臨卦)에서는 오래가지 않아서 양(陽)이 소멸할 것을 걱정하기도 한다. 그런가 하면, 태괘(泰卦)에서는 군자의 도(陽)가 자라나고 소인의 도(陰)가 소멸한다

고 예단하듯이, 비괘(否卦)에서는 반대로 소인의 도는 자라나고 군자의 도가 소멸한다고 했다. 앞으로 시간이 가면 어떤 괘가 오리라는 것을 전제로 괘상(卦象)을 설명했다는 뜻이다.

6. 초효(初爻)와 상효(上爻)만 양(陽)이고 나머지가 음효인 산뢰이괘(山雷頤卦)와 그 반대인 택풍대과괘(澤風大過卦) 또는 삼효와 사효만 양이고 나머지가 음인 뇌산소과괘(雷山小過卦)와 그 반대인 풍택중부괘(風澤中孚卦) 단사(彖辭)에서 확인할 수 있는 것처럼 같은 원칙으로 괘상(卦象)을 설명하지 않는다는 사실을 유념할 필요가 있다. 이게 무슨 말인가? 택풍대과괘에서는 큰 것 곧 양효가 지나치게 많다고 했는데 이와 반대인 산뢰이괘에서는 음효가 많다는 언급이 없다는 뜻이다. 그렇듯, 뇌산소과괘에서는 작은 것이 넘친다고 했으나 이와 반대인 풍택중부괘에서는 큰 것이 넘친다는 말을 하지 않았다는 점이다. 그러니까, 괘상(卦象)을 같은 원리로써 설명하는 게 아니라 먼저 괘에 부여된 의미 곧 괘명이나 괘사를 의식하고서 관련된 내용으로 괘상(卦象)을 설명한다는 뜻이다.

위 4, 5, 6번 때문에 육효 읽기가 어려워진다. 고정된 원칙으로 모든 괘상(卦象)을 읽지 않고 괘마다 다른 이유를 들어서 설명하는 꼴이 되었기 때문이다. 중도, 정위, 호응, 이웃하는 효와 친비(親比) 관계 등을 따지는 원칙이 있어 보이지만 모든 괘에서 꼭 그렇지 않다는 뜻이다. 이 점도 주역을 어렵다고 인식하게 하는 인자 중 하나이다.

-2021. 08. 18.

04

득중(得中)·중정(中正)·정중(正中)·강중(剛中) 등의 의미에 관하여

단전(彖傳)에서 사용된 '득중(得中)', '중정(中正)', '정중(正中)', 강중(剛中)이란 네 개의 키워드에 관해 이해가 전제되지 않는다면 단전을 아니, 주역(周易)을 온전하게 읽었다고 말할 수 없다. 그만큼 이들 키워드가 중요하게 쓰인다는 뜻이다.

단전에서만 '중(中)'이 모두 47회나 사용되었는데 이 가운데에는 득중(得中)이란 단어가 14회, 중정(中正)이란 단어가 9회, 정중(正中)이란 단어가 1회, 강중(剛中)이란 단어가 13회 포함되어 있다. 그리고 나머지는 단순히 '가운데, 속, 안', 중간 정도 등의 뜻으로 사용되었다고 보아도 크게 틀리지 않는다.

그럼, '득중(得中)'이란 무엇일까? 글자 그대로 해석하자면 '중도(中道)를 얻음'이다. 무슨 근거로 '중도(中道)를 얻음'이라고 단정해서 말할 수 있을까? 그것은 주역의 효사(爻辭)를 설명하는 상사(象辭)에서 찾을 수 있다. 주역 64개의 괘 가운데에서 다섯 개 괘의 효사를 설명하는 소상사(小象辭)에서 사용된, '得中道也(중도를 얻다)' 또는 '以中道也(중도로써이다)'라는 말이 그 증거이다.[1] 그렇다면, '중도(中道)'는 또, 무엇인가가? 이것이 문제로다. 하지만 그에 관한 설명은 주역 그 어디에도 없다. 그래서 주역 본문 전체를 통해서 유추(類推)해 내야만 한다. 이에 관한 내용은 필자의 글 「주역(周易)에서 '중도(中道)'란 무엇인가」(『계사전 우리말 번역 & 핵심내용 집중탐구』225~233페이지)를 참고하기 바란다.

　여하튼, 주역에서 중도(中道)는 육효(六爻) 중에서 이효(二爻)와 오효(五爻)에 국한된 말이다. 왜 그럴까? 이효와 오효만이 하늘[天]과 땅[地] 사이에 있는 사람[人]을 상징하는 효(爻)이기 때문이다. 다시 말하면, 사람이니까 중도가 필요하고 중요하다는 뜻이다. 그렇다면, 그런 중도는 과연 무엇인가? 육효 간의 관계 속에서 말하면, 미치지 못함도 아니고 지나침도 아닌 '정도(程度)'와 '상태(狀態)'이다. 이것이 중도의 핵(核)이다. 무슨 근거로 그렇게 말할 수 있는가? 육효사 속

---

1) 《象》曰: "干母之蠱", 得中道也.(산풍고괘 구이효사에 관한 상사)
　《象》曰: "黃离元吉", 得中道也.(중화리괘 육이효사에 관한 상사)
　《象》曰: 九二貞吉, 得中道也.(뇌수해괘 구이효사에 관한 상사)
　《象》曰: "有戎勿恤", 得中道也.(택천쾌괘 구이효사에 관한 상사)
　《象》曰: "七日得", 以中道也.(수화기제괘 육이효사에 관한 상사)

에는 상효(上爻)를 두고 중도[中의 자리]를 지나쳐 교만하다고 말하고, 초효(初爻)를 두고는 중도에 미치지 못하여 아직 미숙하다고 말하는 경향이 그 증거이다.

이러함에도 불구하고, 혹자는 이를 외면, 부정하면서 중도(中道)가 그저 적당히, 아니면 양극단을 지양하는 양적인 정도와 질적인 상태를 말함이 아니고, 오직, 천도(天道)요, 성인지도(聖人之道)라고 강변하기도 한다. 물론, 이럴 때는 천도가 무엇이고, 성인의 도가 무엇인지를 먼저 분명하게 그리고 구체적으로 설명해야만 옳다. 하지만 그들은 설명하지 못한다. 막연히 천도는 바르고[正] 변함없다[常]는 식으로 말하고, 성인지도는 그 천도를 따른다고 말하는 선에서 그친다.

그렇다면, '중정(中正)'이란 무엇인가? 단사(彖辭)에서 '중정(中正)'이란 키워드가 사용된 예문을 모두 가려내면 아래와 같다. 이 예문들을 통해서 중정의 의미를 유추해 내야만 한다. 주역 본문 속 그 어디에서도 중정을 설명해 주지 않기 때문이다.

①**利見大人, 尚中正也.**(천수송괘 단사)
'대인을 만나는 게 이롭다' 함은 중도의 바름을 숭상함이다.

②**剛中正, 履帝位而不疚, 光明也.**(천택리괘 단사)

 강(양효)이 중도를 바르게 행함이니 제왕의 자리에 올라 근심하

 지 않고 밝게 빛나다.

③**文明以健, 中正而応, 君子正也.**(천화동인괘 단사)

 문(文)을 밝힘으로써 튼튼하고, 중도를 바르게 행함으로써 호응

 함이니 군자의 바른 자리이다.

④**大观在上, 順而巽, 中正以观天下.**(풍지관괘 단사)

 위에 훌륭하고 위대한 인물이 있는데, 순종하고 공손하며, 중도

 의 바름으로써 천하를 본다.

⑤**柔丽乎中正, 故亨, 是以畜牝牛吉也.**(중화리괘 단사)

 유가 중도의 바름에 짝을 이루는 연고로 형통하며, 이로써 암소

 를 기르는 것이 이롭다.

⑥**利有攸往, 中正有庆.**(풍뢰익괘 단사)

 '갈 바가 있어 이롭다' 함은 중도를 바르게 행함으로써 경사가

 있음이다.

⑦**剛遇中正, 天下大行也.**(천풍구괘 단사)

강이 중도의 바름을 얻으니 천하가 크게(훌륭하게, 위대하게) 행한다.

⑧**重巽以申命, 剛巽乎中正而志行.**(중풍손괘 단사)

지극한 공손함으로 명을 펴고, 강이 중도의 바름으로 공손하게 뜻을 행한다.

⑨**说以行险, 当位以节, 中正以通.**(수택절괘 단사)

기쁨으로써 위험을 감당하니 자리를 합당하게 함으로써 통제하고 중도의 바름으로써 소통한다.

*우리말 번역 : 필자

위 아홉 개의 예문과 우리말 번역문을 읽어보면 번역조차 잘되었는지 잘못되었는지 판단하기가 쉽지 않을 것이다. 이들의 괘상(卦象)을 옆에 놓고 일일이 확인해 가며 읽어야 분별 되기 때문이다. 우리말 번역문에서 보다시피, 필자는 '中正(중정)'을 '중도의 바름' 혹은 '중도를 바르게 행함'이라고 번역했는데 중도를 얻는 것은 이효(二爻)와 오효(五爻)에 국한되고, 그 자리[位]까지 바르다면, 그러니까, 이효는 음효가 차지하고, 오효는 양효가 차지할 때 '바른 자리의 중도를 얻음'이라고 말한다.

①의 천수송괘에서 중도의 바름을 실천하는 주체는 구이효가 아니라 구오효이다. ②의 천택리괘에서도 중도의 바름을 실행하는 주체 역시 구오효이다. ③의 천화동인괘에서 중도를 바르게 행하는 주체 역시 구오효이고, 이에 호응하는 이가 육이효이다. ④의 풍지관괘에서 위에 있는 훌륭한 인물은 구오효이지만 순종하고 공손한 주체는 아래에 있는 음효들(초효부터 육사효까지)이다. 굳이, 제한적으로 말하자면 중도를 얻은 육이효가 될 것이다. ⑤의 중화리괘에서 중도의 바름에 짝을 이루는 주체는, 다시 말해, 중도의 바름을 실천하는 주체는 육이효이다. ⑥의 풍뢰익괘에서 중도를 바르게 행하는 주체는 중도를 얻고, 정위(正位)한 육이효와 구오효라고 말할 수 있지만, 구오효가 해당한다. 왜냐하면, 위치 곧 직위직책의 신분으로 국사(國事)를 운영하는 주체가 이효가 아니라 오효이기 때문이다. ⑦의 천풍구괘에서 중도의 바름을 얻은 주체는 구오효이다. ⑧의 중풍손괘에서 중도의 바름으로 공손하게 뜻[志]과 명(命)을 펴는 주체도 구오효이다. ⑨의 수택절괘에서 중도의 바름으로써 소통하는 주체 역시 구오효이다. 이 같은 필자의 판단이 맞는지 틀리는지는 해당 효의 효사가 말해주리라 믿는다. 직접 확인하기 바란다.

지금까지의 필자의 판단과 주장이 옳다면, 우리는 '中正(중정)'에 관해서 이렇게 정리할 수 있다. 곧, 중도를 얻는 주체는 이효와 오효임에 틀림이 없으나 그 자리까지 바르게 한, 다시 말해, 정위한 효가 둘 가운데 어느 효인가를 따져 볼 필요가 있다. 이때 만약, 두 효가 똑같이 정위했다고 하더라도 신분상으로 지위가 높은 오효(五爻)가 국사(國事)를 운영하는 주체라는 점을 간과해서는 안 된다. 그리고 중도가 무엇이라고 직접 설명되지는 않았으나 그 중도는 바름[正]을 본질로 함을 전제하고 있다. 쉽게 말해, 중도를 의미하는 '中(중)'과 '正(정)'이 항상 붙어 다닌다는 뜻이다. 그리고 오효 자리는 음효보다는 양효가 차지함을 높이 평가한다. 강력하게 일을 추진한다는 뜻이 내포되어 있기 때문이다. 동시에 그런 군자라야 아래 사람들이 순종하고 공손하며 잘 따라주고 받쳐준다는 단사 집필자의 마음까지도 읽을 수 있다.

그렇다면, '정중(正中)'이란 무엇인가? '정중'이란 단어는 단전(彖傳)에서 딱 한 차례 쓰였고, 상전(象傳)에서 딱 두 차례 쓰였다. 이들을 한데 모아 보면 아래와 같다.

①**需有孚, 光亨貞吉, 位乎天位, 以正中也.**(수천수괘 단사)
'성장을 기다리며 양육하는 (과정에는) 믿음이 있고, 빛이 나고, 형통하며, 올바르게 함이 길하다' 함은 바른 중도를 얻음으로써

하늘 위치에 자리함이다.

②《象》曰:**显比之吉, 位正中也.**(수지비괘 구오 상사)

상전에서 말했다. 친하게 지내며 돕는 이치를 드러냄은 자리가 바르고 중도를 얻음이다.

③《象》曰:**"孚于嘉, 吉", 位正中也.**(택뢰수괘 구오 상사)

상전에서 말했다. '아름다움에 대한 믿음이 길하다' 함은 자리가 바르고 중도를 얻음이다.

①의 수천수괘에서 자리가 바르고 중도를 얻은 주체는 구오효이다. ②의 수지비괘에서도 자리가 바르고 중도를 얻은 주체는 역시 구오효이다. ③의 택뢰수괘에서 자리가 바르고 중도를 얻은 주체 역시 구오효이다. 이들 세 개의 문장에서 보듯이 '正中(정중)'에서 正(정)이란 자리 문제이고, 中(중)은 중도 문제임을 알 수 있다. 사실상, 中正(중정)이나 正中(정중)이나 큰 차이가 없으나, 자리[位]의 바름을 강조하고 싶을 때 正(정)을 먼저 발음한다는 차이가 아닐까 싶다.

그럼, 剛中(강중)은 또 무엇인가? '강중(剛中)'이라는 단어는 단사(彖辭)에서만 무려 13회나 사용되었는데 이를 정리하자면 아래와 같다.

①**初筮告, 以剛中也.**(산수몽괘 단사)

첫 점대는 양효로서 중도를 얻은 강중(구이효)으로 말한다.

②**剛中而应, 行险而顺, 以此毒天下, 而民从之, 吉又何咎矣.**(지
수사괘 단사)

양효로서 중도를 얻어 호응하니(구이효), 험난함으로 나아가나
순조롭고, 이 천하를 다스림에 백성이 따르니 길한데, 어찌 또
허물이 되겠는가.

③**原筮, 元永贞, 无咎, 以剛中也.**(수지비괘 단사)

'(수지비괘의) 원래 점이 근원적으로 오래도록 올바르고, 허물이
없다' 함은 이는 강으로서 중도를 얻었음이다(구오효).

④**健而巽, 剛中而志行, 乃亨.**(풍천소축괘 단사)

튼튼하고 겸손하며, 양효가 중도를 얻고 뜻을 행하니 이내 형통
하다(구오효).

⑤**剛中正, 履帝位而不疚, 光明也.**(천택리괘 단사)

양효가 중도를 바르게 함이니 제왕의 자리에 올라 근심하지 않

으니 밝게 빛난다(구오효).

⑥**刚中而应, 大亨以正, 天之道也.**(지택림괘 단사)
양효로서 중도를 얻어 호응하니(구이효) 크게 형통함으로써 바른데(육오효) 이것이 천하의 도이다.

⑦**动而健, 刚中而应, 大亨以正, 天之命也.**(무망괘 단사)
움직이되 튼튼하고, 강이 중도를 얻어(구오효) 호응하며(육이효), 바름으로써 크게 형통한데 (이는) 하늘의 명령[뜻]이다.

⑧**水流而不盈, 行险而不失其信, 维心亨, 乃以刚中也.**(감괘 단사)
물이 흘러서 차지 않음이니 행로가 험하고 그 믿음을 잃지 않아야 하며, 오직 마음을 형통하게 하면 이내 강(양효)이 중도를 얻는다(구이, 구오효).

⑨**顺以说, 刚中而应, 故聚也.**(택지췌괘 단사)
순종으로써 기뻐하고, 양효가 중도를 얻어(구오효) 음효로 중도를 얻은 육이효가 호응함으로 모인다.

⑩**柔以时升, 巽而刚, 刚中而应,** 是以大亨.(승괘 단사)
유(상괘)가 때를 타고서 오름이니 겸손하고(하괘 덕성) 순종하며

(상괘 덕성) 양이 중도를 얻어(육오효) 강이 호응함으로(구이효) 크게 형통하다.

⑪**贞大人吉, 以刚中也.**(택수곤괘 단사)

'곧고, 대인이 길하다' 함은 강으로써 중도를 얻음(구이효, 구오효)이라.

⑫**改邑不改井, 乃以刚中也.**(수풍정괘 단사)

마을은 바꾸어도 우물은 바꾸지 않는다' 함은 마침내 양효가 중도를 얻음이다(구오효, 구이효).

⑬**刚中而柔外, 说以利贞, 是以顺乎天, 而应乎人.**(중택태괘 단사)

양효가 중도를 얻고(구이, 구오효) 유(음효)가 바깥에 있으며(육삼효, 상육효), 기쁨으로(상, 하괘 덕성) 이롭고 곧아서 이로써 하늘에 순종하고, 사람에 호응한다.

이상의 예문들에서 보면, '剛中(강중)'이란 강(剛)과 건(健)의 특성이 있는 양효(陽爻)가 중도(中道)를 얻은 경우를 말한다는 사실을 알 수 있다. 그 효가 이효이든 오효이든 상관없이 말이다.

-2021. 08. 07.

05

이섭대천(利涉大川)과 이견대인(利見大人)

주역(周易)에서는 '이섭대천(利涉大川)'과 '이견대인(利見大人)'이라는 용어가 곧잘 쓰이고 있다. 괘·효사(卦·爻辭)에서만 이섭대천은 아홉 개 괘에서 각 한 번씩 모두 아홉 번 사용되었다. 이 가운데 일곱 번은 괘사(卦辭)에서 사용되었고, 나머지 두 번은 효사(爻辭)에서 사용되었다. 그리고 이들 가운데 '불이섭대천(不利涉大川)'이 딱 한 번 있다. 천수송괘(天水訟卦)의 괘사(卦辭)에서이다. 그 아홉 번 사용된 곳을 밝히자면 이러하다. 곧, ①수천수괘(水天需卦) 괘사(卦辭) ②천수송괘(天水訟卦) 괘사(卦辭) ③천화동인괘(天火同人卦) 괘사(卦辭) ④산천대축괘(山天大畜卦) 괘사(卦辭) ⑤산뢰이괘(山雷頤卦) 상구효사(上九爻辭) ⑥풍뢰익괘(風雷益卦) 괘사(卦辭) ⑦풍수환괘(風水渙卦) 괘사(卦辭) ⑧풍택중부괘(風澤中孚卦) 괘사(卦辭) ⑨화수미제괘(火水未濟卦) 육삼효사(六三爻辭) 등이 그것이다.

따라서 일곱 개 괘의 괘사에서 '섭대천(涉大川)'이란 말이 쓰였기에 단사(彖辭)에서도 일곱 번 사용되었음은 당연하다. 몽괘(蒙卦), 송괘(訟卦), 동인괘(同人卦), 고괘(蠱卦), 대축괘(大畜卦), 익괘(益卦), 환괘(渙卦), 중부괘(中孚卦) 등이 그것들이고, 다 섭대천(涉大川:큰 강을 건넘)이 이로운데 송괘(訟卦)에서만 불리(不利)하다.

그렇다면, '이섭대천(利涉大川)'이란 무슨 의미인가? 일단, 자의(字義)부터 확인해 보자. '천(川)'이란 그 모양으로 따지면 양쪽의 제방 사이 그 가운데로 물이 흐르는 모습이다. 현재 중국에서는 이 천(川)의 의미를 평지에 있는 지방 도시를 관류하는 하류(河流), 수도(水道)라고 풀이하고 있다. 고원지대이든 평지이든지 간에 물길 자체는 평탄한 것이라고 한다. 그래서 영어로는 Stream, River 등으로 번역한다.

따라서 '이섭대천'이란 '큰 강물을 건너는 이로움'이란 뜻이다. 물론, 흐르는 강물을 건너는 일은 그리 쉽지만은 않다. 상당한 용기와 결단이 필요한 일이다. 동시에 행위의 목적이 반드시 전제될 것이다. 이렇게 본다면, 지도자가 어떤 목적의식을 갖고서 결단하여 약간의 모험과 위험을 감수하면서 감행하는 일이 곧 '涉大川(섭대천)'이라는 뜻이다. 그래서 잘하면 이롭고, 잘못하면 이롭지 못한 것이다. 주역에서는 이 '涉大川(섭대천)'이 이롭기도 하고 불리하기도 함을 말하고 있는데, 문제는 감행해야 할 때와 감행하지 말아야 할 때를 분별하는 일이 될 것이다. 주역의 괘·효사(卦·爻辭)가 바로 그때와 상황을 고려하여 판단한 지침(指針)이라고 보면 크게 틀리지 않는다.

그리고 '이견대인(利見大人)'은 괘·효사(卦·爻辭)에서만 모두 다섯 개의 괘에서 여덟 번 사용되었다. ①중천건괘(重天乾卦) 구이(九二), 구오(九五) 효사(爻辭) ②천수송괘(天水訟卦) 괘사(卦辭) ③수산건괘(水山蹇卦) 괘사(卦辭), 상육효사(上六爻辭), 상육상사(上六象辭) ④택지췌괘(澤地萃卦) 괘사(卦辭) ⑤중풍손괘(重風巽卦) 괘사(卦辭) 등이 그것이다. 따라서 단사(彖辭)에서도 다섯 번 사용되었다는 뜻이다. 송괘(訟卦), 건괘(蹇卦), 췌괘(萃卦), 승괘(升卦), 손괘(巽卦) 등의 단사(彖辭)에서이다.

그렇다면, 여기서 '대인(大人)'이란 어떤 사람을 의미하는가? 이 '대인(大人)'은 주역의 괘·효사(卦·爻辭)에서만 열여덟 번이나 사용되는데 그 개념을 먼저 정리하고서 쓰는 게 아니기에 문맥을 통해서 스스로 유추해 내야만 한다. 분명한 사실은, '소인(小人)'의 상대적 개념이고(天地否卦), 군자(君子)·선왕(先王)·후(后)·상(上) 등과도 구분되는 사람이다(大象辭). 그리고 '대인(大人)'이라고 해서 내게 반드시 이로운 것만도 아니다(天地否卦). 그리고 개혁의 주체로 언급되기도 하고(澤火革卦), 내가 곤란한 상황에 있을 때, 혹은 승진하고자 할 때도 대인을 만나는 일이 필요하고 이롭다고 한다(澤水困卦, 地風升卦). 효(爻)로 따지자면 대체로 중도를 얻은 이효와 오효가 많고, 유(柔)보다는 강(剛)한 양효(陽爻)가 해당한다. 그래서 성인(聖人)이나 군자(君子)가 많고, 귀(貴)하고 높은(高) 자리에 있는 사람임에는 틀림이 없다.

이섭대천, 이견대인 등 이런 용어만을 보아도 주역이 얼마나 현실적으로 이해득실(利害得失)을 따지는 처세술(處世術)에 가까운지를 확인할 수 있다. 혹자는 주역을 '성인지도(聖人之道)를 근원으로 하여 군자지도(君子之道)를 밝힌 로드맵'이라고 말하기도 하는데 그런 기능적인 측면도 없지는 않다.

-2021. 04. 13.

06

有攸往(유유왕)에 관하여

주역에서 '有攸往(유유왕)'이라는 단어는 많이 쓰이고 있다. 전체 64개 괘 가운데에서 무려 18개의 괘에서 사용되었다. 곤괘(坤卦), 둔괘(屯卦), 대유괘(大有卦), 비괘(賁卦), 복괘(復卦), 무망괘(无妄卦), 대축괘(大畜卦), 대과괘(大過卦), 항괘(恒卦), 둔괘(遯卦), 명이괘(明夷卦), 해괘(解卦), 손괘(損卦), 익괘(益卦) 쾌괘(夬卦), 구괘(姤卦), 췌괘(萃卦), 손괘(巽卦) 등이다. 주로 괘사(卦辭)와 효사(爻辭)에서 사용되었고, 상사(象辭)에서 딱 한 차례 사용되었다. 그리고 '有攸往(유유왕)'은 대체로 이롭다[利]거나 무구(无咎)한데 드물게 불리(不利)도 있고, 소리(小利)도 있으며, 물용(勿用)도 있다. 소리(小利)가 1회, 불리(不利)가 1회, 물용(勿用)이 2회, 흉(凶)이 1회 나온다. 나머지는 다 이롭다[利]고 한다.

그렇다면 '有攸往(유유왕)'이란 무슨 말인가? 글자 그대로 해석하여 '갈 바가 있으면'으로 번역한다. 다시 그렇다면, 갈 바가 있다는 것은 무엇을 뜻하는가? 우선, 갈 곳이 있어야 하고, 가는 행위의 목적이 또한 있어야 한다. 한마디로 말해서, 의중(意中)에 뜻이 있어서 나아감이다.

그리고 나아가는 것도 여러 가지 양태가 있을 수 있다. 강물을 건너는 '涉(섭)'도 나아감이고, 정벌하러 가는 '征(정)'도 나아감이며, 대인(大人)을 만나러 가는 '견대인(見大人)'도 나아감이다. 이 나아감에는 수레[輿, 車]나 말[馬] 혹은 배[舟]를 타고 가기도 하고, 걷거나 뛰어가는 수도 있다. 그뿐만 아니라, 위로 가는 것[上行]과 아래로 가는 것[下行]도 있을 수 있다. 이러한 나아감은 자신의 의중(意中)이나 의지(意志)를 실천에 옮김이라고 말할 수 있다. 그래서 넓게 보면, '行(행)'이고 '진(進)'이다. 따라서 '갈 바가 있음'이란 무언가 해야 할 일이 있음이고, 그 일을 하러 나아감이다.

주역에서 이 반대말을 굳이, 찾으라면 '居(거)'나 '艮(간)'이 될 것이다. '간(艮)'의 의미는 중산간괘(重山艮卦)에서 찾을 수 있다. 혹, 달아나 숨는 '돈(遯)'도 생각해 볼 수 있으나 돈은 사실상 나아감(往)에 해당한다.

-2021. 04. 17.

07

단사(彖辭)에 나타난 천지관(天地觀)

주역에서 하늘과 땅에 대한 인식은 매우 각별하다. 이미 『계사전 우리말 번역 & 핵심내용 집중탐구』라는 책 속 「주역의 '하늘'과 '땅'의 의미에 관하여」라는 글에서 밝히었지만, 하늘은 위에 있고, 땅은 아래에 있으며, 하늘과 땅이 역(易)의 문(門)으로서 하늘은 사상(四象) 중 태양(太陽)에서 나왔고, 땅은 태음(太陰)에서 나왔다. 그래서 하늘을 뜻하는 건(乾)은 양효 셋으로 도식하고(☰), 땅을 뜻하는 곤(坤)은 음효 셋으로 도식한다(☷). 양효 셋으로 도식되는 건에서 제일 위에 있는 양효만 음효로 바뀌면 연못[澤]을 뜻하는 태(兌)가 되고(☱), 가운데에 있는 양효만 음효로 바뀌면 불[火]을 뜻하는 이(离)가 되며(☲), 제일 밑에 있는 양효만 음효로 바뀌면 바람의 뜻인 손(巽)이 된다(☴). 그렇듯, 땅을 뜻하는 곤(坤)은 음효 셋으로 도식하고, 제일 위의 음효만 양효로 바뀌면 산(山)을 뜻하는 간(艮)이 되고(☶), 가운데 음효만 양효로 바뀌면 물[水]을 뜻하는 감(坎)이 되며(☵), 제일 밑에 있는 음호만 양효로 바뀌면 우레(雷)의 뜻인 진(震)이 된다(☳).
이처럼 건곤(乾坤)에서 음양의 변화로 태(兌)·리(离)·손(巽)·
간(艮)·감(坎)·진(震) 등 여섯 개 삼효(三爻) 단괘(單卦)가 나와
팔괘(八卦)가 성립된다.

이러한 하늘[天=乾]과 땅[地=坤]에 대해 언급된 단사(彖辭)
내의 구절을 가려내면 아래와 같이 열여섯 괘에서 나온다.
태괘(泰卦), 비괘(否卦), 예괘(豫卦), 관괘(觀卦), 이괘(頤卦),
리괘(离卦), 함괘(咸卦), 항괘(恒卦), 규괘(睽卦), 해괘(解卦),
익괘(益卦), 구괘(姤卦), 혁괘(革卦), 풍괘(豐卦), 태괘(兌卦),
절괘(節卦) 등이 그것이다.

①天地交以萬物通也, 上下交而其志同也. : 地天泰卦 彖辭 가운
데에서
천지가 사귀어 만물이 통하고, 상하가 교제하여 그 뜻을 합치다.

②天地不交而萬物不通也, 上下不交而天下无邦也. : 天地否卦 彖
辭 가운데에서
천지가 사귀지 않으면 만물이 불통하고, 상하가 교제하지 않으
면 천하에 나라가 없다.

③天地以順動 故日月不過而四時不忒 : 雷地豫卦 彖辭 가운데에서

천지가 순리로 움직이기에 해와 달이 지나치지 않고 사시가 어긋나지 않는다.

④觀天之神道而四時不忒 : 風地觀卦 彖辭 가운데에서

하늘의 신묘한 이치를 관찰하면 사시가 어긋나지 않음을 (알 수 있다.)

⑤天地養萬物 : 山雷頤卦 彖辭 가운데에서

천지가 만물을 기른다.

⑥日月麗乎天 百穀草木麗乎土 : 重火離卦 彖辭 가운데에서

해와 달이 하늘에서 빛나고, 온갖 곡식과 초목이 땅에서 자란다.

⑦天地感而萬物化生 : 澤山咸卦 彖辭 가운데에서

천지가 감응하여 만물이 변화하여 생기다.

⑧天地之道 恒久而不已也. 日月得天而能久照 四時變化而久成 : 雷風恒卦 彖辭 가운데에서

천지의 도는 영원하여 그치지 아니한다. 일월이 하늘을 얻어 능히 영원히 비추고, 사시가 변화하여 영원히 이룬다.

⑨天地睽而其事同也, 男女睽而其志通也, 萬物睽而其事類也. :

火澤睽卦 彖辭 가운데에서

천지의 (성정이) 대립하나 그 하는 일은 같고, 남녀의 (성정이)

다르나 그 뜻이 통하고, 만물이 분열되나 그 일은 유사하다.

⑩天地解而雷雨作 雷雨作而百果草木皆甲坼 : 雷水解卦 彖辭 가

운데에서

천지가 풀리어 천둥 번개 치고 비가 내리니 백과 초목의 껍질이

다 터져서 싹이 난다.

⑪天施地生 其益无方 : 風雷益卦 彖辭 가운데에서

하늘에서 베풀고 땅에서 낳아주니 그 이익 됨이 끝이 없다.

*无方=无疆

⑫天地相遇 品物咸章也. : 天風姤卦 彖辭 가운데에서

천지가 서로 만나니 만물에 윤기가 돈다.

⑬天地革而四時成 : 澤火革卦 彖辭 가운데에서

천지가 변하여 사시가 생긴다.

⑭日中則昃 月盈則食 天地盈虛與時消息而況於人乎. : 雷火豐卦

해가 중천에 뜨면 곧 기울고, 달이 차면 곧 일그러지듯이 천지가
때에 맞추어서 (가득) 차고 비워지는데 하물며 사람에게서야.

⑮順乎天而應乎人 : 重澤兌卦 象辭 가운데에서

하늘에 순종하고, 사람에게 화답하다.

⑯天地節而四時成 : 水澤節卦 象辭 가운데에서

천지가 조절하니 사시가 생기다.

64개의 괘(卦)마다 단사(彖辭)가 붙어있지만 '天地(천지)'라
는 단어를 써가면서 양자의 관계, 역할, 기능 등을 설명하는
문구를 가려내면 위와 같이 모두 열여섯 가지가 된다. 이를
면밀하게 분석해보면, 단사(彖辭) 집필자의 천지관(天地觀)을
엿볼 수 있다. 적어도 공자(孔子)를 비롯하여 그를 추종하는
이들이 인지한 하늘과 땅의 본질에 관해 어디까지 인지했는
지를 가늠해 볼 수 있다는 뜻이다. 물론, 기원전 사람임을 전
제하고서 이를 읽어주기 바란다.

단사(彖辭)에는 천도(天道), 지도(地道), 천지도(天地道), 신
도(神道), 천지지도(天地之道), 천지지정(天地之情), 천지지대

의(天地之大義), 천명(天命), 천지명(天之命) 등 일련의 용어들이 함께 쓰이고 있다. 이 용어들을 통해서도 짐작할 수 있듯이 하늘과 땅은 단순한 공간이 아니라 그 나름의 이치(理致)가 있고, 뜻[義=志]이 있고, 情(정)이 있으며, 동시에 명(命)을 갖는 존재이다. 그래서 그 하늘과 땅에 인성을 불어넣어 신묘한 존재로서 그 의미를 부여했다. 그래서 '신도(神道)'라는 말까지 만들어 쓰며, 그 위상을 절대적인 존재로 부각해 놓았다고 해도 크게 틀리지 않는다.

하늘과 땅은, 서로 만나고[遇], 서로 교류하며[交], 서로 감응(感應)하기도 하지만, 하늘과 땅은 서로 막히고[否], 풀리기도 하고[解], 조절하며[節], 변혁하여[革], 낮과 밤을 베풀고, 사시(四時)를 베풀며, 또한 천둥 번개와 비와 바람과 빛을 베풀어서 땅 위의 모든 생명에게 생기를 불어넣으며[生], 자라게[養] 한다. 그래서 하늘은 높고[高] 귀하며[貴] 크고[大] 강건(剛健)하지만, 땅은 낮고[卑] 넓으며[廣] 유순(柔順)하다고 한다. 그러면서 하늘은 큰일에 뜻을 내어 시작하여 주관하지만, 땅은 그 하늘의 뜻에 순종(順從)하여 만물을 낳고[成] 기른다[養]는 것이다. 이런 하늘과 땅의 작용을 두고 계사(繫辭)에서는 '성상(成象)'과 '성형(成形)'이라는 말로써 함축적으로 표현하고 있다. 그러니까, 성상은 뜻을 냄이고, 성형은 그 뜻대로 형태를 이룸이다.

바로 이런 과정에 직접 작용하는 것이 있다면, 지구의 자전(自轉)과 공전(公轉)으로 인한 주야(晝夜)와 사시(四時)의 변화가 있고, 지구의 기상(氣象)과 관련된 빛[火], 바람[風], 천둥번개[雷], 비[水], 지형(地形:山, 澤) 등의 요소가 있고, 달의 공전에 의한 차고 이지러짐[盈虛]의 질서 등이 있다. 이것이 바로 주역에서 천지(天地)에 관해 인식한 내용이다.

한 가지 새겨볼 만한 내용이 있다면, 그것은 하늘의 질서와 이치에 순응하면 하늘이 호응해준다는 인식(認識)이 깔려있다는 점이다. 사실과 무관하게, 이러한 인식이 전제되었기 때문에 하늘의 이치인 천도(天道)를 받들어 모시듯이 인간의 도리로 받아들여서 인도(人道)를 세워야 한다는 것이 단전(彖傳)과 계사전(繫辭傳)을 포함한 십익(十翼) 집필자의 판단이고 희망 사항이다. 그에게는 하늘의 성품이 강건(剛健)하고, 땅의 성품이 유순(柔順)하다면서, 땅이 하늘의 뜻에 순종하여 만물을 낳고 기르듯이, 우리 인간도 하늘의 뜻에 순종하여 겸손으로써 인(仁)과 예(禮)를 갖추어야 한다고 은연중 주장한다. 이러한 기본적인 인식이 전제되었기에 공자를 필두로 하는 유가(儒家)에서는 순종(順從)과 겸손을 굉장한 미덕으로

치는 것이고, 그가 최고의 덕목으로 치는 인의예지(仁義禮智)
와 신(信)에서도 순종과 겸손을 그 바탕에 깔고 있다.

-2021. 04. 17.

08

'文明(문명)'이란 단어를 어떻게 이해해야 할까

주역(周易)에서 '문명(文明)'이란 단어는 「문언전」을 제외하고는 오직, 단사(彖辭)에서만 다섯 차례 사용되었다. 괘사(卦辭), 효사(爻辭), 상사(象辭) 등에서는 단 한 차례도 사용되지 않았다는 뜻이다. 결과적으로, 단사(彖辭) 집필자에 의해서 기원전에 이 단어가 처음으로 사용되었다는 뜻이다. 물론, 이 '문명'이라는 단어 말고도 오늘날까지 널리 사용되는 단어로 살아남은 기원전의 단어는 참 많다. 본말(本末), 시종(始終), 귀천(貴賤), 길흉(吉凶), 변화(變化), 생성(生成), 사업(事業), 조화(造化), 회통(會通), 변통(變通), 점(占) 등이 그 예이다.

여하튼, 이 단사(彖辭)에서 사용된 '文明(문명)'이라는 단어가 오늘날 우리가 널리 쓰고 있는 개념과는 어떻게 다르고, 어떻게 같은지 주의깊게 읽어볼 필요가 있다.

먼저, 문명이란 단어가 쓰인 단사(彖辭) 예문부터 확인해
보자.

①文明以健, 中正而応, 君子正也. : 天火同人卦

하늘의 섭리를 밝히어 튼튼하고, 중도의 바름이 호응하는 군자의
바름이다.

②其德剛健而文明 應乎天而時行 : 火天大有卦

그 덕이 강건하고 섭리를 밝히어, 하늘에 호응하고 때를 맞추어 행
한다.

③文明以止人文也 : 山火賁卦

섭리를 밝힘으로써 멈춤이 사람의 도리이다.

④內文明而外柔順 以蒙大難 文王以之 : 地火明夷卦

안으로는 섭리를 밝히고, 밖으로는 부드럽게 순종하여 대난을 피
하였다. 문왕이 그렇게 행했다.

⑤文明以说, 大亨以正. : 澤火革卦

기쁨으로써 이치를 밝히고, 바름으로써 크게 형통하다.

일단, 단사(彖辭)에 나오는 '文明(문명)'이라는 단어에서 文(문)을 '이치' 또는 '섭리'로, 明(명)을 '밝히다'로 각각 해석하였다. 사실, '文(문)'이라는 단어도 주역에서 별도로 쓰였는데 그 '文(문)'의 의미부터 확인해 볼 필요가 있다. '文(문)'이라는 단어가 쓰인 예문은 아래와 같다.

㉮ '黃裳元吉', 文在中也. : 坤卦 六五 象辭

『낭송주역』의 편자, 고은주는 이 文(문)을 '德(덕)'으로 해석했고, 정이천의 역전을 완역한 심의용은 '文彩(문채)'로 해석했다.

㉯ 风行天上, '小畜' ; 君子以懿文德. : 小畜卦 大象辭

'文德(문덕)'이라는 단어를 고은주는 '문장'과 '才藝(재예)'로 번역했고, 심의용은 '문덕(文德)'이라고 번역했다. 문덕이란 문과 덕이 아니라 문의 덕일 것이다. 그렇다면, 학문의 덕, 아니면 문사(文士)가 갖추어야 할 덕일 것이다.

㉰ '大人虎变', 其文炳也. : 革卦 九五 象辭

고은주는 문(文)을 '덕(德)'으로 번역했고, 심의용은 '문양(文樣;무늬)'으로 번역했다.

㉣ '君子豹変', 其文蔚也 ; '小人革面', 順以从君也. : 革卦 上六

象辭

고은주는 문(文)을 '덕(德)'으로 번역했고, 심의용은 '무늬'로 번역했다.

위 네 개의 예문에서 보듯이, '문(文)'이라고 하는 것은 '글'이나 '문장'이라는 원뜻이 있지만, 그 글이나 문장으로써 어떤 대상을 '꾸민다[飾]'라는 의미가 내포되어 있다. 그렇다면, 주역(周易)에서 말하는 문명의 의미를 밝히기 전에 현재 우리가 이해하고 있는 문명의 의미부터 잠시 먼저, 생각해 보자.

오늘날 우리는 무엇을 문명(文明)이라고 하는가? 인간의 경험(經驗)과 지식(知識) 축적, 그리고 그 축적된 경험과 지식을 생활 속에서 활용하는 능력의 향상 등으로 구축되어 공동체 사회에서 공유되는 물질적 정신적 기반이 문명이다. 그 기반이 가시적 형태로 구현되는 것이 각종 편의시설이고 그것을 낳는 지적 체계라고 필자는 문명을 이해한다.

그런데 이미 확인했다시피, 이 문명이라는 단어가 주역의 단사(彖辭)에서 다섯 차례 사용되었고, 문(文)이라는 단어는 그와 별도로 인문(人文)·천문(天文)·문덕(文德) 등의 단어로

도 쓰였다. 물론, 다 단사(彖辭) 집필자가 한 말이다. 도대체, 그가 말하는 단사(彖辭)에서의 '文(문)'은 무엇이고, '文明(문명)'이란 무엇인가?

이미 언급했다시피, 문은 원래 글, 문장을 뜻하는데 더 근원적으로는 어떤 대상을 그리고[像] 꾸민다[飾]는 뜻이 전제되어 있다. 물론, 그리고 꾸미는 데에는 일정한 질서가 있게 마련이다. 먼저, 그 대상에 대한 이해, 앎이 우선한다. 그다음이 그 앎의 내용을 꾸미게 되는데 형상을 그린다거나 말이나 글로써 설명하는 것이다. 이때 그리는 것이 像(상)이요, 설명하는 것이 文(문)이다. 그리하여 그 상(像)과 그 문(文)으로써 여러 사람이 공유하게 된다. 그래서 문(文)은 지식(知識)의 축적이고, 동시에 그것의 활용인 지혜(智慧)의 축적인 셈이다.

그렇다면, '明(명)'을 꾸미고 설명하는 것이 文明(문명)인데 이때 明(명)이란 또 무엇인가? 팔괘(八卦) 구성 요소 가운데 하나인 '불(火)'이 곧 '명(明)'이다. 불은 밝음이고, 하늘의 태양이며, 하늘의 攝理(섭리)이다. 그래서 '진리(眞理)'로 해석된다.

다시 그렇다면, 문명이란 밝음을 보고 느끼고 받아들여 아는 일[知]이고, 그것을 꾸미고 설명하는 일[文]이다. 밝음을 꾸민다는 것은 그 진리를 말이나 글로써 드러내는 일이다. 드러낸다는 것은 설명하고 전파하여 활용하는 일이라는 뜻이다. 재미있는 사실은, 이 '문명'이라는 단어가 상, 하괘(下卦) 가운데 불[火]이 들어있는 경우에만 쓰였다는 점이다.

따라서 주역에서 '文明(문명)'이란 것은 '밝음, 곧 하늘의 섭리인 진리를 알고 그것을 말이나 글로써 꾸며 드러내는 일이다'라고 말할 수 있다. 이것을 확대해석한다면, 단사 집필자가 말한 문명이나 오늘날 우리가 말하는 문명이 사실상 다르지 않음을 알 수 있다. 단사 집필자가 말하는 하늘의 섭리인 진리라는 것도 오늘날 우리가 사실을 기반으로 하는 경험과 지식의 축적과 다르지 않기 때문이다.

-2021. 04. 20.

09

주역에서 '믿음'이란 무엇인가

  주역(周易) 괘·효사(卦·爻辭)와 상사(象辭)에서만 '孚(부)'라는 글자가 58회 사용되었고, 이 가운데 '믿음이 있으면', 혹은 '믿음으로'라고 번역되는 '有孚(유부)'라는 단어가 32회 사용되었다. 그리고 '信(신)'이라는 단어가 8회 사용되었는데 이 孚와 信을 합치면 64회나 되는데 이는 주역에서 그만큼 '믿음'을 중요시하여 강조한다는 뜻으로 받아들일 수 있다.

  원래, 이 '孚(부)'는 설문해자(說文解字)에서 새가 일정 기간 알을 품으면 부화(孵化)된다는 서로에 대한 믿음을 뜻한다. 그래서 중국에서는 이 '孚'가 곧 '信'이고, '서로에 대한 신임[相信]'을 의미한다. 물론, 우리 자전(字典)에서는 '미쁠 부'인데 '미쁘다', '붙다', '붙이다', '(알이) 깨다', '기르다', '자라다', '빛나다' 등의 의미로 풀이되었고, 껍질, 겉겨, 알, 씨 등의 의미도 있다.

그렇다면, 실제로 주역에서는 이 '孚'와 '信'이 어떻게 사용되었을까? 많은 예문 가운데에서 그 몇을 살펴보자.

①需 : 有孚, 光亨, 贞吉, 利涉大川. : 水天需 卦辭

'기다리는' 수괘는 믿음이 있어 빛나고 형통하며 곧고 길하다. 큰 강을 건넘이 이롭다.

②讼 : 有孚窒惕, 中吉 ; 终凶, 利见大人, 不利涉大川. : 天水訟 卦辭

다투는 송괘는 믿음이 있으나 막혀서 두렵고, 중간에 (그만두면) 이로우나 끝까지 가면 흉하다. 대인을 만나는 이로움이 있으나 큰 강을 건너면 불리하다.

③初六, 有孚比之, 无咎 ; 有孚盈缶, 终来有它, 吉. : 水地比 初六 爻辭

초육, 믿음으로 사귀어나가면 무구하다. 믿음이 가득 차면 끝내는 뜻하지 않는 길함이 있다.

④九四, 随有获, 贞凶 ; 有孚在道, 以明, 何咎! : 澤雷隨 九四 爻辭

구사, 따르는데 붙잡음이 있으면 곧으나 흉하다. 도에 믿음이 있음이면 밝으니 무슨 허물이 있겠는가.

⑤《象》曰：“隨有獲”, 其义凶也. “有孚在道”, 明功也. ： 澤雷隨
九四 爻辭 象辭

상에서 이르기를 '따라 수행함에 얻음이 있다'라는 것은 그 뜻이
흉함이다. '도에 믿음이 있다'라는 것은 확실한 공이 있음이다.

⑥九五, 有孚挛如, 无咎. ： 風澤中孚 九五 爻辭

구오, 믿음으로 (천하인심을) 묶어두듯 하면 무구하다.

⑦九四, 悔亡, 有孚改命, 吉. ： 澤火革 九四 爻辭

구사, 후회함이 없다. 믿음으로써 명을 바르게 하니 길하다.

⑧《象》曰：“改命之吉, 信志也. ： 澤火革 九四 爻辭 象辭

상에서 이르기를 '명을 바르게 고침'은 뜻에 대한 믿음이다.

'孚(부)'와 '信(신)'이 사용된 전체 64개 문장 가운데에서 극
히 일부인 여덟 개만을 끌어다 놓았지만, 이들을 통해서 보
면, 孚나 信이 곧 '믿음' 혹은 '신뢰'라는 의미로 사용되고 있
음을 알 수 있다. 그렇다면, 무엇에 대한 믿음이란 말인가?
사실, 이것이 더 중요하다. 위 예문들을 놓고 볼 때, 기다림에
는 기다리는 주체와 그 대상인 객체에 대한 믿음이고, 소송
에서는 자신의 의지나 생각 등에 대한 믿음이다. 그리고 사

람이 사람을 사귈 때는 자신과 상대방에 대한 믿음이고, 명을 따라 임무를 수행(遂行)하는 자는 명(命)과 명령을 내린 주체에 대한 믿음이다. 따라서 주역에서 믿음의 대상이라는 것은 가장 근원적으로는 하늘의 뜻인 천명(天命)이고, 인간 세상에서는 그 하늘의 뜻을 헤아리는 성인(聖人)과 그것을 실천해야 하는 군자(君子)의 지시사항으로부터 모든 사람의 말, 행동, 관계 등을 두루 포함한다.

　이처럼 주역은 믿음[孚, 信]과 뜻[意, 志]을 많이 강조하는데 여기에는 두 가지 분명한 전제가 있다. 하나는, 천(天)과 지(地)라고 하는 존재에 대한 확고한 믿음이다. 곧, 하늘은 뜻을 내어 일을 크게 시작하는 강건함이고, 땅은 그 하늘의 뜻을 본받아 만물을 기르는 후덕함과 순종이다. 그 다른 하나는 사람은 모름지기 그 천지의 도를 따라서 겸손하며, 순응하면서 살아야 한다는 것이다. 이런 두 가지 대전제 아래에서 인간의 모든 도리가 출발한다는 점이다. 특히, 하늘과 사람 사이, 땅과 사람 사이, 그리고 사람과 사람 사이에서 믿음은 허물을 없게 하고, 형통하게 하여 만사를 길하게 한다는 것이 주역의 기본 시각이다. 그래서 믿지 못함[不信]은 대인관계를 어그러뜨리고, 총명하지 못한 처사로 받아들인다.

　-2021. 04. 26.

10

주역(周易)과 제사(祭祀)

주역 64괘 괘·효사(卦·爻辭) 가운데에는 '제사(祭祀)'와 관련된 단어가 적잖이 쓰이고 있다. 예컨대, ①제사(祭祀 : 澤水困卦 九五爻辭), ②약(禴 : 地風升卦 九二爻辭, 澤地萃卦 六二爻辭), ③향(享 : 山澤損卦 卦辭, 風雷益卦 六二爻辭), ④묘(廟 : 風水渙卦 卦辭, 澤地萃卦 卦辭), ⑤향사(享祀 : 澤水困卦 九二爻辭), ⑥약제(禴祭 : 水火旣濟卦 九五爻辭), ⑦기타 등이 그것이다. 우리는 일반적으로 '제사(祭祀)'라는 단어로써 두루 사용하고 있는데 고대 중국에서는 제사를 여러 가지로 구분하였던 것 같다. 정이천은 곤괘(困卦) 구오효사(九五爻辭)를 설명하는 자리에서 '제(祭)는 천신에게 하는 것이고, 사(祀)는 지신에게 하는 것이며, 향(享)은 사람의 귀신에게 하는 것이라고[祭天神, 祀地祇, 享人鬼] 구분하기도 했는데 주역에서 이들 용어가 어떻게 사용되었는지 여간 궁금하지 않다.

여하튼, 우리는 신령(神靈)이나 죽은 사람의 혼령(魂靈)에게 정성껏 음식을 차려 놓고, 그 존재에 대해 믿고, 원하는 바를 이루게 해달라는 기원(祈願)과 감사를 표하는 예절 의식을 제사라고 한다. 그런데 주역에서의 제사는 어떤 목적에서 이루어지는지 예로 든 위 괘효사를 통해서 가능한 범위 내에서 확인해 보자.

①九五, 劓刖困于赤紱 乃徐有說 利用祭祀 : 澤水困卦 九五爻辭
구오, 무릎을 가리는 적색 예복에 고난으로 코와 발꿈치를 베이는 (형벌을 받으나) 이내 서서히 기쁨이 있게 되고 제사를 드리는 것이 이롭다.

②九二, 孚乃利用禴 无咎 : 地風升卦 九二爻辭
구이, 믿음으로 간소한 제사를 지냄이 이로우니 무구하다.

③六二, 引吉 无咎 孚乃利用禴 : 澤地萃卦 六二爻辭
육이, 끌어당김이 길하고 무구하다. 믿음으로 간소한 제사를 지냄이 이롭다.

④損, 有孚 元吉无咎 可貞 利有攸往 曷之用? 二簋可用享 : 山澤
損卦 卦辭
손괘, 믿음이 있으면 크게 길하고 무구하며 가히 올바르면 갈 바

262

가 있어도 이롭다. 제기 그릇 두 개로 제사 지낼 수 있는데 어찌 사용하지 않겠는가?

⑤六二, 或益之十朋之龜 弗克違永貞吉 王用享于帝吉 : 風雷益卦 六二爻辭

육이, 혹 십 붕짜리 거북(귀하고 값나가는 재물)을 보태주기도 하는데 그 뜻을 어기지 않고 오래 바르면 길하다. 왕이 천제께 제사를 지내니 길하다.

⑥渙, 亨王假有廟 利涉大川 利貞 : 風水渙卦 卦辭

흩어짐, 제사를 지냄이니 형통하고, 큰일을 함이 이로우며, 바르면 길하다.

⑦萃, 亨王假有廟 利見大人 亨利貞 用大牲吉 利有攸往 : 澤地萃卦 卦辭

모임, 왕이 제사를 지냄이니 대인을 만나 이롭고, 형통하여 바르면 이롭다. 큰 제물을 쓰니 길하고 갈 바가 있어서 이롭다.

⑧九二, 困于酒食 朱紱方來 利用享祀 征凶 无咎 : 澤水困卦 九二爻辭

구이, 음식에 곤함이 있으나 주불(貴人)이 바야흐로 오니 제사를 지냄이 이롭고, 나아가면 흉하니 탓할 곳이 없다.

⑨九五, 東鄰殺牛 不如西鄰之禴祭 實受其福 : 水火旣濟卦 九五
爻辭

구오, 동쪽 이웃이 소를 잡음이 서쪽 이웃이 간소한 제사를 지냄
과 같지 않다. 그 복을 실하게 받는다.

이상 아홉 개의 예문에서 보듯이, 환괘(渙卦)와 췌괘(萃卦)
와 손괘(損卦)의 괘사(卦辭)를 제외하면 나머지 여섯 모두가
소위 중도(中道)를 얻었다는 이효(二爻)와 오효(五爻)가 제사
를 지낸다. 제사를 지내는 주체라는 뜻이다. 그런데 우리는
오효가 왕 또는 성인(聖人)이라면 이효는 군자로 여기지만 이
런 암묵적인 공식에 구속될 필요는 없는 것 같다. 이효도 왕
으로 기술(記述)되는 경우가 있기 때문이다.

그리고 간소한 제사든 성대한 제사든 가용한 범위 내에서
(④) 믿음으로써(②, ③, ④) 정성껏 제사를 지냄이 어려운 상
황을 이로운 국면으로 바꿔 주기에(①) 지내는 것임을 유추
할 수 있다. 제사를 지내게 되면 많은 사람이 모이게 되고,
그 가운데에는 내게 도움이 되는 인물도 있기에 제사를 통해
서 뜻밖의 도움을 받는다는 표현이 있다. 그리고 제사는, 음

식을 준비하고, 제상 위에 진설(陳設)하고, 축문을 읽고, 예절을 표하는 일련의 절차가 믿음과 정성을 요구하는 일이기에 예로부터 예법(禮法)을 보고 배우는 교육의 장이자 자신의 능력과 인품을 드러내는 현장이기도 했다. 이러한 제사는 대개 조상께 지내나(⑥, ⑦) 왕의 경우는 국사(國事)를 위해서 상제(上帝)께 지내는 경우가 적지 않다(①, ⑤).

-2021. 04. 02.

11

'12피괘설(辟卦說)'이란 무엇인가

주역(周易)의 괘사(卦辭), 단사(彖辭), 효사(爻辭), 그리고 상사(象辭) 등을 읽어내는 데에 '12피괘(辟卦)'을 모르면 온전히 이해할 수가 없다. 예컨대, 지뢰복괘(地雷復卦) 괘사에서 "反復其道 七日來復 利有攸往"에서 '七日來復'을 이해할 수 없고, 이를 설명하는 단사 내용을 또한 온전히 이해할 수 없다.

우리는 '12벽괘(辟卦)'라고 부르는데 중국에서는 'shí èr pì guà'라고 읽는다. '辟(피)'를 우리는 임금 '벽'으로 읽고, 중국인은 피하다, 물러나다, 회피하다 등의 뜻이 있는 '避(피)'로 읽는다는 뜻이다. 중국에서는 일명, '12소식괘(消息卦)'라고도 부른다.

그렇다면, '12피괘'란 무엇인가? 주역 연구의 중요한 학설 가운데 하나로서 상고시대(上古時代)부터 전해 내려오는 것으로 알려져 있는데, 그 핵심 내용인즉 음력 일 년 열두 달

(月)에 12개의 괘(卦)를 배치하되, 12지지(地支:시간)와 24절기 가운데 중요한 12절기를 각각 배치하여 괘상(卦象)에서의 음효(陰爻)와 양효(陽爻)의 상관관계를 설명한다. 거꾸로 말하면, 괘상(卦象)에서의 음효와 양효의 관계 곧, 음효로만 구성된 중지곤괘에서 양효로만 구성되는 중천건괘가 되었다가 다시 중지곤괘로 돌아가는 천지(天地)의 순환 질서를 설명하는 이론이다.

이해하기 쉽게, 6개의 음효(陰爻)로만 구성된 중지곤괘(重地坤卦)를 기준으로 삼아서 말하자면, 중지곤괘는 음력 10월에 해당하는 괘인데 다음 달인 음력 11월부터 9월까지 차례로 복괘(復卦:北) 임괘(臨卦) 태괘(泰卦) 대장괘(大壯卦:東) 쾌괘(夬卦) 중천건괘(重天乾卦) 구괘(姤卦:南) 돈괘(遯卦) 비괘(否卦) 관괘(觀卦: 西) 박괘(剝卦)를 배치하고, 子·丑·寅·卯·辰·巳·午·未·申·酉·戌·亥를 또한 각각 배치하는데, 이들 괘상(卦象)을 살펴보면 11월 복괘(復卦)에서부터 4월 중천건괘까지는 양효(陽爻)가 밑[初爻]에서부터 차례로 하나씩 증가하는 모양새이고, 5월 구괘부터는 다시 밑에서부터 음효가 하나씩 불어나기 시작하여 10월 괘인 중지곤에 이르면 음효만으로 채워지게 된다.

참고로, 12절기를 12괘에 어떻게 배치했는지를 밝히면, 복괘 초구에 동지(冬至)를, 구괘 초육에 하지(夏至)를, 임괘 육삼에 대한(大寒)을, 돈괘 구삼에 대서(大暑)를, 태괘 육오에 우수(雨水)를, 비괘 구오에 처서(處暑)를, 대장괘 초구에 춘분(春分)을, 관괘 초육에 추분(秋分)을, 쾌괘 구삼에 곡우(穀雨)를, 박괘 육삼에 상강(霜降)을, 건괘 구오에 소만(小滿)을, 곤괘 육오에 소설(小雪)을 각각 배치하였다. 이를 하나로 펼쳐서 도식하면 아래 그림 「십이피괘도(十二辟卦圖)」(p. 269 참조)와 같다.

이러한 12피괘설을 보면, 음(陰)과 양(陽)의 성정(性情)과 그 작용을 나름대로 과학적으로 해석하려고 노력한 결과로 보이며, 이런 노력이 있었기에 일 년을 열두 달을 정하고, 360일로 계산하고, 그 안에서 다시 24절기를 세우고, 그에 맞추어서 생활하는 고대인의 역술(曆術)이 나왔다고 본다.

-2021. 05. 15.

[십이피괘도]

음력 [月]	11	12	01	02	03	04	05	06	07	08	09	10	참고사항
괘 (卦)	復 (복)	臨 (임)	泰 (태)	大壯 (대장)	夬 (쾌)	乾 (건)	姤 (구)	遯 (둔)	否 (비)	觀 (관)	剝 (박)	坤 (곤)	
지지 (地支)	子 (자)	丑 (축)	寅 (인)	卯 (묘)	辰 (진)	巳 (사)	午 (오)	未 (미)	申 (신)	酉 (유)	戌 (술)	亥 (해)	※ 양지(陽支) : 子·寅·辰·午·申·戌 ※ 음지(陰支) : 丑·卯·巳·未·酉·亥
방위 (方位)	北 (북)			東 (동)			南 (남)			西 (서)			
괘상 (卦象)													※ 회색으로 표시한 효가 해당 절기임.
12 절기 (節氣)	冬至 (동지)	大寒 (대한)	雨水 (우수)	春分 (춘분)	穀雨 (곡우)	小滿 (소만)	夏至 (하지)	大暑 (대서)	處暑 (처서)	秋分 (추분)	霜降 (상강)	小雪 (소설)	

이시환 작성 © 2021.05.20.

'서합(噬嗑)'이란 어떤 의미인가

64괘 가운데 스물한 번째인 화뢰(火雷) 서합괘(噬嗑卦)가 있다. '噬嗑(서합)'이란 말은 거의 쓰이지 않는, 아주 생소한 단어인데 噬(서)는 '씹는다'라는 뜻이고, 嗑(합)은 '입을 다물다'라는 뜻이다. 단순히 '씹는다'라는 뜻으로는 '저작(咀嚼)'이라는 단어를 우리는 더 가깝게 써왔는데 씹을 噬(서) 자에 입을 다물 嗑(합) 자를 합친 조어(造語)를 괘의 이름으로 썼다고 판단된다. 그렇다면, 이 '서합(噬嗑)'이 과연 무슨 의미일까? 언뜻 보아, 효사에 석육(腊肉:포를 뜬 고기) 건자(乾胏:뼈에 붙은 말라비틀어진 고기) 건육(乾肉:말린 고기) 등이 있어서 '씹어 먹는다'라는 뜻이 아닐까 싶었다. 하지만 금세 의심쩍어졌다. 왜냐하면, 무슨 이교(履校:족쇄)니 하교(何校:차꼬)니 하면서 형틀이 나오고, 발 코 귀 등을 쓰지 못하게 한다는 형벌(刑罰)과 관련된 말과 함께 사용되었기 때문이다.

정말이지, '서합(噬嗑)'이라는 단어는 어떤 뜻으로 쓰였을까? 역(易)의 문장이 비유적 수사(修辭)에 의존하여 숨은 뜻을 내장하는 경향이 매우 짙기에 괘·효사(卦·爻辭)를 온전히 읽어 내기 전에는 쉽게 단정할 수가 없다. 그래서 먼저 괘상(卦象)을 살펴보고, 괘·효사를 읽어보자. 오로지 '서합'이라는 단어의 의미를 판단하기 위해서 말이다.

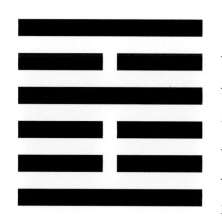

이 서합괘는 상괘(上卦)가 불[火]이고, 하괘(下卦)가 우레[雷]다. 그 덕성으로 치면, 불은 밝음[明]이고, 우레는 움직임[動]이다. 이를 위에서부터 읽으면 '밝게 움직인다'라는 뜻이고, 아래에서부터 읽으면 '움직이어 밝다'라는 뜻이 된다. 역에서 밝음은 진리이고, 태양이고, 하늘의 도[天道]이다. 그리고 상괘(上卦)는 획수로 보아 음(陰)의 괘이고, 하괘(下卦)는 양(陽)의 괘로서 그 덕성으로 바꾸면, 상괘가 유(柔)이고, 하괘는 강(剛)이다. 이런 약속된 사실을 전제한다면, 강함과 부드러움의 만남이고, 우레가 밝음과 함께 있는 형국이다.

이렇게 서합괘를 살펴보아도, '서합(噬嗑)'의 의미가 해독

(解讀)되지는 않는다. 이럴 때는 일단, 판단을 유보해 두고 괘·효사를 먼저 읽어보자. 원문을 소개하고, 이어서 직역해 보겠다.

噬嗑 亨 利用獄

初九 履校滅趾 無咎
六二 噬膚滅鼻 無咎
六三 噬腊肉遇毒 小吝無咎
九四 噬乾胏 得金矢 利艱貞吉
六五 噬乾肉 得黃金 貞厲無咎
上九 何校滅耳 凶

서합, 형통하고 '옥(獄)'을 씀이 이롭다.

초구, 족쇄를 채워서 발을 (무력하게 하니) 허물이 없다.
육이, 살갗을 깨물어 코를 (무력하게 하니) 허물이 없다.
육삼, 포를 뜬 고기를 씹으나 독을 만나니 약간 부끄러우나 허물이
　　없다.
구사, 뼈에 붙어있는 말라비틀어진 고기를 씹으나 쇠 화살을 얻고,
　　어렵게 바름을 지켜내면 길하고 이롭다.

육오, 말린 고기를 씹으나 황금을 얻고 올바름으로 힘쓰면 허물이
없다.

상구, 차꼬를 채워서 귀를 (무력하게 하니) 흉하다.

위 괘사(卦辭)와 효사(爻辭)를 읽으면 이것이 도대체 무슨
말인지 이해하기 어렵다. 사람에게 족쇄나 차꼬를 채우고 살
갗을 물어뜯어 발과 코와 귀 등을 못 쓰게 한다니 이것은 대
체 무슨 말이며, 포를 뜬 고기와 뼈에 붙어서 말라 비틀어진
고기와 그냥 말린 딱딱한 고기 등을 씹으며 쇠 화살과 황금
을 얻는다는 것은 또 무슨 말인가? 그러함에도 불구하고, 대
체로 무구하다면서 왜 상구(上九)만은 흉하다고 하는가? 참
으로, 이해하기 어려운 말들이 아닐 수 없다. 괘상(卦象)을 뚫
어지게 쳐다보며 이들의 관계를 살피면 이 괘·효사에 쉽게
동의할 수 있을까?

단사(彖辭) 집필자의 설명을 참고해 보자. 위 괘사(卦辭)를
설명한 단사(彖辭)에서 집필자는 이렇게 말했다.

頤中有物曰噬嗑 噬嗑而亨. 剛柔分 動而明 雷電合而章. 柔
得中而上行 雖不當位 利用獄也.

턱 안에 물질이 있음을 일컬어 서합(噬嗑)이라 하고, 서합은 형통하다. 강유(剛柔)가 나뉘고, 움직이어 밝으며, 우레와 번개가 합하여 빛난다. 유(柔)가 중도를 얻어 위로 올라가고, 비록 자리가 부당하지만 옥(獄)을 이용함이 이롭다.

단사 집필자의 친절한 위 설명문조차도 해설이 필요해 보인다. 가능한 범위 내에서 내가 순서대로 말해 보겠다. 턱 안에 물질이 있음을 '서합(噬嗑)'이라고 했는데, 그 물질을 먹기 위해서는, 아니, 먹기 위해서라기보다는 입을 다물기 위해서는 위턱과 아래턱에 있는 치아로써 그 물질을 씹어야 하는데 그것이 무엇이냐에 따라서 투입되는 노력의 정도가 달라지고, 그 가부(可否)·성패(成敗)가 결정된다. 어쨌든, 입을 다물기 위해서는 그 안에 들어있는 물질을 씹어야 하는데 한결같이 어려운 것들이다. 이러한 맥락에서 보면, 씹기 힘든 물질이 입안에 들어있는 상태를 '서합'이라고 본 것 같다. 그렇다면, 씹어서 두 턱을 닫아야 하는데 그것을 힘들게 하는 물질이란 비유적 표현으로 '국법(國法)을 어긴 사람들'이라고 유추할 수 있다. 그러니까, 본문에 나오는 석육(腊肉:포를 뜬 고기) 건자(乾胏:뼈에 붙은 말라비틀어진 고기) 건육(乾肉:말린 고기) 등이 국법을 어긴 사람들이고, 그 죄의 경중이 또한 다름을 유추해 볼 수 있다. 서합(噬嗑)이 바로 이러한 의미를 지니기에 형통하다고 자연스럽게 말하지 않았나 싶다. 그리고 강유(剛柔)가 나뉘고 움직이어 밝다고 한 것은, 상괘(上卦)와 하괘(下卦)의 덕성을 말한 것뿐이다. 더 이상의 설명은 필요 없으리라고 본다. 그리고 우레[雷]와 번개[電]가 합하여 빛난다고 한 것은, 상괘와 하괘가 만나서 내는 효과(效果)를 말한 것인데, 하괘는 원래부터 雷(뇌)이고, 상괘는 불[火]이기 때문에 '電(전)'으로 받았을 뿐이다. 그리고 유(柔)가 중도를 얻어 위로 올라가고 그 자리가 부당하다는 것은, 음(陰)의 괘인 상괘의 육오(六五)를 말함인데 육오의 자리가 양의 자리인데 음이 왔다는 점을 지적한 것이다. 이 육오가 사실상 서합괘의 주인공 격인데 그는 임금의 지위로 전제한 국법을 어긴 죄인들을 어떻게 다스려야 소기의 목적을 달성할 수 있을까를 생각해본 결과 '옥(獄)'을 써야 이롭다고 판단한 것이다. 여기서 '옥(獄)'이라고 하는 것은 국가의 사법적 장치를 말한, 수사학(修辭學)에서 말하는 제유법(提喩法)적 표현이라고 생각된다.

이렇게 보면, 꽤 난해하게 보였던 '서합(噬嗑)'의 뜻과 비유적인 표현으로 가득한 효사를 이해하는 데에 장애가 없어졌을 줄로 믿는다. 사실, 주역(周易)은 음양(陰陽)의 작용으로 나타난다고 하는 천도(天道)를 그대로 인간사회에 적용하여 사람의 도리(道理)로, 특히, 군자(君子)의 도리로 드러내려고 했는데 그 언어 표현이 문학적 수사(修辭)에 의존하고 있기에 오해의 소지가 많고, 동시에 어렵게 느껴진다. 경쟁이 심한 각축장에서 살아남기 위해서 처세술에 밝아야 했던 고대 중국인 특유의 문학적 작품의 원형(격)이라고 판단하는 이유도 여기에 있다.

-2021. 03. 12.

13

중화리(重火离) 괘에서
'离'와 '麗'를 어떻게 해석할 것인가

'离(리)'는 팔괘(八卦)의 이름이자, 주역(周易) 상경(上經)의 마지막 서른 번째 괘인 중화리(重火离) 괘의 이름이다. 팔괘에서 리(离)는 '화(火)'이며, '빛남[烜=明]'이며, '꿩[雉(치)]'으로 빗대어지고, '눈[目(목)]'으로 빗대어지며, '중녀(中女)'로도 빗대어지고, '정남(正南)'을 의미한다. 누가 무엇을 근거로 이런 설명을 「설괘전」에서 했는지는 좀더 연구해 보아야 한다.

그리고 중화리(重火离) 괘에서 리(离)는, 그 이름 그대로 팔괘의 离(리)가 위아래로 겹쳐진 '중리(重离)'인데, 이 리괘(离卦)의 포괄적인 의미를 괘사(卦辭)에서는 "利貞, 亨 ; 畜牝牛, 吉."이라고 부여했다. 그러니까, '이롭고 곧으며, 형통하니 암소를 기르는 길함이 있다'라고 한다. 그렇다면, 여기서 '离(리)'는 어떤 근원적인 의미로 사용되었을까?

단사(彖辭)에서 '离, 丽也'라고 했다. 다시, 그렇다면 '麗 (려)'는 또 무슨 의미인가? 이에 관하여 '걸려 있다'로 해석한 이(고은주/김재홍)도 있고, '붙어 있다'로 해석한 이(심의용/ 고은주)도 있다. 그래서 이들은 아래 단사(彖辭)를 이렇게 해석한다.

'彖'曰 : 离, 丽也 ; 日月丽乎天, 百谷草木丽乎土, 重明以丽 乎正, 乃化成天下. 柔丽乎中正, 故亨, 是以畜牝牛吉也.

①「단전」에서 말했다. '이'란 붙어 있음이다. 해와 달이 붙어 있고 오곡백과와 초목이 땅에 붙어 있다. 잇단 밝음으로 올바름에 붙어서 세상을 교화하여 완성한다. 유함이 중정에 붙어 의지하므로 형통하니, 그래서 "암소를 기르듯이 하면 길하다." (심의용)

②리는 걸려 있음이다. 해와 달이 하늘에 걸려 있고 오곡과 초목이 땅에 붙어 있다. 거듭된 밝음으로 올바름에 의지해서 천하 만물을 생멸하게 하고 완성한다. 부드러운 음이 중도와 올바름에 붙어 의지하므로 형통하다. 그런 까닭에 "암소를 기르듯이 하면 길한 것"이다. (고은주)

그러나 필자의 생각은 다르다. 중화리괘에서 离는 팔괘의

离가 위아래로 붙어 있다. 따라서 밝음과 빛남[烜, 明]이 겹쳐 있기에 더욱 빛남이고 더욱 밝음이다. 그래서 이 麗(려)도 '빛나다', '짝짓다'로 해석해야 한다고 생각한다.

③괘사에서 이르기를, "이는 빛남이다. 해와 달이 하늘에서 빛나고, 온갖 곡식과 초목이 땅에서 빛나니, 거듭된 밝음이 바르게 빛나고, 이내 변화시켜 천하를 이룬다. 유(음)가 중도의 바름에 짝하는 고로 형통함으로써 암소를 기르는 길함이 있다."라고 했다. (이시환)

생각건대, 이 麗(려)를 자전(字典)에도 없는 의미인 '걸리다', '붙다'로 해석함에는 「서괘전(序卦傳)」의 모호한 내용을 잘못 해석했기 때문으로 보인다. "坎者陷也. 陷必有所丽, 故受之以离 ; 离者丽也."가 바로 그 구절이다. 이를 우리말로 어떻게 해석하느냐에 따라서 문제의 '麗(려)'를 다르게 해석할 수밖에 없다. 심의용은 이 구절을 "감(坎)이란 빠진다는 것이다. 빠지면 반드시 붙잡는 것이 있으므로 이괘로 받았으니, 이(離)란 매달려 있는 것이다."라고 해석했다. 결과적으로, 앞의 麗는 '붙잡다'로 해석했고, 뒤의 麗는 '매달리다'로 해석했다. 심의용의 이 같은 해석이 있었기에 절대다수 사람이 이 麗를 '붙어 있다', '걸려 있다'로 애매하게 해석하게 된 것이다.

하지만 나는 여기서 문제의 麗를 '짝짓다'로 해석한다. 그래서 나는 서괘전의 관련 내용을 "구덩이 감(坎)이라는 것은 빠지는 함정, 함(陷)이다. 빠짐 혹은 함정은 반드시 짝하는 바 그 대상이 있어야 한다. 그러므로 이(离)로 받았고, 이(离)라고 하는 것은 짝의 관계이다."라고 읽었다. 누구의 해석이 옳은지는 중화리괘의 괘사(卦辭), 단사(彖辭), 상사(象辭), 그리고 각 효사(爻辭)를 다 해석해보면 분별되리라 본다.

여하튼, 「서괘전」이라고 하는 것은 64개의 괘 순서를 기억하기 위한 집필자 나름의 암기법이거나 이미 정해진 그 순서에 의미를 애써 부여하려는 노력의 산물로 여겨지기에 서괘전의 내용을 참고하지만 크게 집착할 필요는 없다고 생각한다. 「서괘전(序卦傳)」 원문을 이 책 끝 353~354페이지에 소개했으니 참고하기 바란다.

-2021. 07. 28.

14

태극(太極)에서 64괘까지

"태극(太極)이 음(陰)과 양(陽)을 낳고, 음과 양이 사상(四象)을 낳으며, 사상이 팔괘(八卦)를 낳고, 팔괘가 64괘를 낳는다." 이 말은 주역에서 전제되는, 역(易)의 성립 관련 근원적인 주장이다. 그렇다면, '태극'이 무엇이고, 음과 양이 어떻게 사상을 낳는지 설명되어야 한다. 이뿐만 아니라, 사상이 어떻게 팔괘를 낳고, 팔괘가 어떻게 64괘를 낳는지도 설명되어야 한다. 바로, 이 과정에 어떤 일관된 질서가 적용되는지 궁금한 것도 사실이다.

태극에 관해서는 예로부터 많은 논란이 있었다. 따라서 그동안의 주의·주장이 먼저 정리될 필요가 있고, 또 그것은 그렇게 어려운 일도 아니므로 별개의 문제로 남겨 두자.

그럼, 두 번째 문제인 태극이 낳았다는 음양이 어떻게 사상을 낳았는가? 이 문제를 생각해 보자. 그것은 음(陰)에는 큰 음과 작은 음이 있듯이, 양(陽)에도 큰 양과 작은 양이 있다는 전제에서 출발한다. 그래서 큰 음은 음효(陰爻) 두 개를 위아래로 나란히 표시하고(≡≡), 작은 음은 큰 음의 상효(上爻)가 양으로 변한 상태 곧 위가 양효(陽爻)이고 아래가 음효(陰爻)로 도식되는 것(≡≡)을 작은 음이라고 한다. 물론, 큰 음을 '태음(太陰)' 또는 '노음(老陰)'이라고 하고, 작은 음을 '소음(少陰)'이라고 부른다. 그렇듯, 큰 양은 위아래가 양효로 이루어지고(≡), 작은 양은 위의 양효가 음효로 변한, 다시 말해, 바뀐 것이다(≡≡). 그래서 위가 음효이고 그 밑이 양효이다. 물론, 큰 양을 '태양(太陽)' 또는 '노양(老陽)'이라고 하고, 작은 양을 '소양(少陽)'이라고 부른다. 이렇게 해서, 태양, 소양, 태음, 소음이 음양 부호로써 도식되었고, 성립되었다. 여기까지는 별 무리 없이 이해할 수 있고, 받아들일 수 있으리라 본다.

그렇다면, 이 사상이 어떻게 팔괘를 낳았는가? 음양 부호 두 개씩으로 사상이 만들어졌으면 이들이 서로 만나는 경우 수를 따진다면 16가지가 나오고, 이 16가지 하나하나는 음양 부호 네 개씩으로 짜여야 맞다. 이 같은 원리로 팔괘가 64괘가 되니 말이다. 그런데 그렇지를 않고, 돌연 천지인(天地人) 삼재(三才)를 상징한다며 세 개의 효(爻=劃)로 짜이고, 여덟 가지가 나온다 하니 바로 이 과정이 이해되지 않았다. 이해되지 않았다기보다 팔괘가 64괘를 낳는 이치와 달라서 일관된 질서가 아니라고 생각했었다.

　이런 의문을 품고 역 이론가들이 주장하는 팔괘 생성원리를 살펴보았는데 그들의 주장인즉 이러하다. 곧, 태양(太陽 ▬▬)에서 건(乾 ▬▬)과 택(澤 ▬▬)이 나오고, 소양(少陽 ▬▬)에서 리(离 ▬▬)와 진(震 ▬▬)이 나오며, 태음(太陰 ▪▪▪▪)에서 간(艮 ▪▪▪▪)과 곤(坤 ▪▪▪▪)이 나오고, 소음(少陰 ▪▪▬)에서 손(巽 ▬▬)과 감(坎 ▬▪)이 나온다는 것이다. 그러니까, 크고 작은 음양(陰陽) 각각에서 두 개씩의 다른 기운이 나와 여덟 개가 된다는 뜻이다. 양효 둘로 구성되는 태양(太陽)은 위로 양이 오면 건(乾)이 되고, 음이 오면 태(兌)가 된다. 그리고 음효(상)와 양효(하)로 구성되는 소양(少陽)은 위로 양효가 오면 리(离)가 되고, 음효가 오면 진(震)이 된다. 그렇듯, 음효 둘로 구성된 태음(太陰)은 위로 양이 오면 간(艮)이 되고, 음이 오면 곤(坤)이 된다. 그리고 양효(상)와 음효(하)로 구성된 소음(少陰)은 위로 양이 오면 손(巽)이 되고, 음이 오면 감(坎)이 된다. 이렇게 해서 3획으로 된 팔괘가 형성된다는 것이고, 건(乾)·태(兌)·리(离)·진(震)·곤(坤)·간(艮)·감(坎)·손(巽)이라고 명명된 여덟 가지 기운을 음양 부호로 도식하였고, 이들을 각각 천(天)·택(澤)·화(火)·뢰(雷)·지(地)·산(山)·수(水)·풍(風)

이라는 자연 구성물로 빗대어 놓았다.

[팔괘 생성 원리와 성정표]

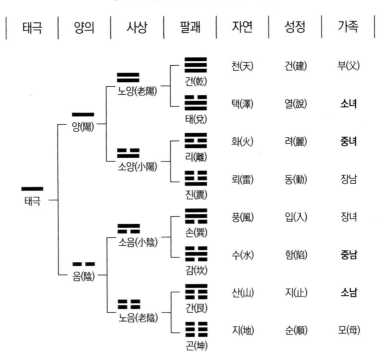

태극	양의	사상	팔괘	자연	성정	가족
		노양(老陽)	건(乾)	천(天)	건(建)	부(父)
	양(陽)		태(兌)	택(澤)	열(說)	**소녀**
		소양(小陽)	리(離)	화(火)	려(麗)	**중녀**
태극			진(震)	뢰(雷)	동(動)	장남
		소음(小陰)	손(巽)	풍(風)	입(入)	장녀
	음(陰)		감(坎)	수(水)	함(陷)	**중남**
		노음(老陰)	간(艮)	산(山)	지(止)	**소남**
			곤(坤)	지(地)	순(順)	모(母)

그렇다면, 태양(太陽)과 소양(少陽)이 낳은 건(乾)·태(兌)·리(离)·진(震)은 양괘(陽卦)이어야 하고, 태음(太陰)과 소음(少陰)이 낳은 곤(坤)·간(艮)·감(坎)·손(巽)은 음괘(陰卦)가 되어야 한다. 그런데 그렇지가 않다. 여기에서도 논리적 모순이 있음을 확인할 수 있다. 「설괘전(說卦傳)」에서 설명한 대로 맞아떨어지지 않기 때문이다. 설괘전의 설명으로는 건(乾:父) 진(震:

長男) 감(坎:中男) 간(艮:小男)이 양괘(陽卦)이고, 곤(坤:母) 손(巽:長女) 리(离:中女) 태(兌:小女)가 음괘이다. 「설괘전(說卦傳)에 의한 팔괘(八卦)의 의미와 덕성(德性)을 분별하는 도표」(p.289)를 참조하기 바란다. 왜, 앞뒤가 맞지 않는, 일방적인 주장이 나오는지는 여러분이 직접 생각해 보기 바란다.

다시 그렇다면, 팔괘는 어떻게 64괘를 낳는가? 이것은 너무나 간단명료하다. 팔괘인 건(乾) 태(兌) 리(离) 진(震) 곤(坤) 간(艮) 감(坎) 손(巽) 서로 만날 수 있는 경우 수로 8×8=64가지가 되기 때문이다. 그런데 문제는 이 64개의 괘 하나하나가 갖는 의미이다. 그 의미는 괘의 이름[卦名]으로 일차 부여되었고, 괘사(卦辭)라는 것으로써 이차 부여되었다는 점이다. 그래서 괘명 하나하나의 의미를 새겨야 하고, 괘사 문장들을 온전하게 해석해야 한다.

괘명은 한 자 또는 두 자로 붙여졌는데 그 한자(漢字)가 지니는, 아니, 한자에 부여한 의미를 제대로 분별하고 기억해야 한다. 그리고 괘사 문장의 의미를 해독하고, 왜 이런 말을 붙였는지 그 이유와 배경을 이해해야 한다. 그러려면, 상괘(上卦)와 하괘(下卦)의, 의미, 덕성, 음괘인지 양괘인지에 대한 판단 등이 반드시 전제되어야 하고, 육효(六爻) 안에서 효

간의 상호관계를 판단, 읽을 줄 알아야 한다. 그래서 팔괘의 괘상(卦象), 의미(意味), 덕성(德性), 특징(特徵) 등에 대해서 충분한 이해가 있어야만 한다.

팔괘에 관해 충분히 이해했으면 그것의 조합(組合)으로 이루어지는 64개 괘마다 새롭게 생성되는 의미와 괘상에 나타난 육효의 상관관계를 읽을 줄 알아야 하는데 사실, 이 영역이 주역의 핵심인 동시에 가장 어렵다. 어렵다고 느껴지는 이유 중의 이유가 있는데 그것은 똑같이 적용되는 어떤 원칙이 고정되어 있어서 육효를 읽어야 하는데 사실은 그렇지 않다는 점이다. 실제로, 각 괘의 육효사(六爻辭)를 설명하는 소상사(小象辭)나 괘사를 설명하는 단사(彖辭)를 보면, 먼저 주어진 괘사와 육효사에 맞추어 해석하려다 보니 있어야 할 원칙이 고정되는 게 아니라 그때그때 상황에 맞게 얘기되어져 버리고 마는 것이다. 그러다 보니 우리는 그 속에서 원칙을 찾아야만 하고, 그러기 위해서는 괘사와 육효사는 말할 것 없고 단사(彖辭) 상사(象辭)까지도 면밀하게 분석해 보는 과정이 필요하다.

그렇다면, 육효(六爻)가 무엇인가부터 이해할 필요가 있다. 육효는 3효(爻) 단괘(單卦)인 팔괘 중 두 개 괘가 합쳐져서 이루어졌고, 팔괘 단괘의 효 3개는 위로부터 천인지(天人地)를 각각 상징한다. 그래서 육효 중괘(重卦)에서 1, 3효가 지(地)를, 2, 5효가 인(人)을, 3, 6효가 천(天)을 각각 상징하여 짝이된다. 그래서 인을 상징하는 2효와 5효의 역할이 대단히 중요하다. 그뿐만 아니라, 이 2효와 5효가 양(陽)이냐 음(陰)이냐도 중요하고, 정위(正位)냐 부정위(不正位)이냐도 대단히중요하다. 이들은 무조건 '중도(中道)를 얻었다'라고 하여 '득중(得中)'이라는 말을 쓰고, 양(陽) 자리에 양(陽)이 오고(九五爻) 음(陰) 자리에 음(陰)이 와서(六二爻) 정위(正位)까지 했으면 '중정(中正)'이라고 하여 '중도를 바르게 행사한다'라거나'중도의 바름으로써 행한다'라고 말한다.

그리고 1효[初爻]는 64개의 각 괘(卦)가 의미하는 시대적,자연적 상황이 시작하는 첫 단계이고, 6효[上爻]는 그것이 끝나는 단계이다. 따라서 우리의 의지와 상관없이 주어지는 시대적 자연적 상황은 이 여섯 단계를 거치는 셈인데 각 단계는 높고 낮은 자리(位)이기도 하고, 때[時]이기도 하며, 각 효가 처한 여건에 따라서 전개되는 단계별 작은 정황도 달라진다. 그 '여건(與件)'이라 함은 이웃하는 효 간의 관계와 짝이되는 효 간의 관계가 음양(陰陽) 관계이냐 아니냐에 따라서'친비(親比) 관계가 있다, 없다', '호응한다, 호응하지 못한다'로 해석하고, 또, 각 효가 정위인지, 부정위인지를 판단하여 임무를 수행함에 바르게 할 수 있는지, 없는지를 판단한다.

그러나 괘사(卦辭)를 설명하는 단사(彖辭)에서 가장 중요하게 언급되는 점은, 각 괘의 주인공 격인 오효(五爻)와 이효(二爻)의 득중(得中)과 정위(正位) 문제이고, 동시에 그들과 짝이 되는 효(五爻:二爻)와 이웃하는 효(五爻:三爻, 二爻:四爻)와의 음양(陰陽) 관계이다. 한마디로 말해서, 오효(五爻) 자리는 양(陽)이 와서 강력한 리더십을 발휘하고 이에 협력 보좌하는 이효(二爻)나 삼효(三爻)는 음이 와서 순종하는 관계가 가장 바람직하다. 만약, 오효 자리에 음이 왔다면, 이런 경우를 '유중(柔中)'이라고 하지만, 이효와 삼효가 양이 와서 오효에 대한 전적 신뢰를 전제로 강력한 힘으로 협력하며 도와주는 관계가 좋다.

괘(卦)마다 주도적으로 일을 하는 주인공 격이 되는 효(爻)는 다른데 오효(五爻)가 가장 많고, 그다음이 이효(二爻)이다. 드물게 삼효(三爻)와 사효(四爻)가 되는 경우도 있긴 있다. 그리고 '12피괘설'에 입각하여 단사(彖辭)가 기술된 경우는 앞으로 전개될, 드리워질 괘의 음양 관계 변화를 의식하여 육효 가운데 하나이거나 둘뿐인 효를 기준으로 그 역할을 말하기도 한다. 예를 들어 보이자면, 산지박괘, 지뢰복괘 등이 해당한다.

-2021. 08. 11.

[설괘전에 의한 팔괘 의미와 덕성을 분별하는 도표]

구분 \ 팔괘	乾	坤	震	巽	坎	离	艮	兑
상(象)	☰	☷	☳	☴	☵	☲	☶	☱
양효/음효 (수)	3/0	0/3	1/2	2/1	1/2	2/1	1/2	2/1
양효/음효 (획수의 합)	3/0 (3)	0/6 (6)	1/4 (5)	2/2 (4)	1/4 (5)	2/2 (4)	1/4 (5)	2/2 (4)
이명(異名)	天	地	雷	風	水	火	山	澤
상호관계 (相互關係)	定位		相溥		不相射		通氣	
덕성(德星)·1	君	藏	動	散	潤	日以烜之	止	說
덕성(德星)·2	健	順	動	入	陷	麗	止	說
동물비유	馬	牛	龍	鷄	豕	雉	狗	羊
신체비유	首	腹	足	股	耳	目	手	口
가족비유	父	母	長男	長女	中男	中女	少男	少女
방위(方位)	西北	西南	正東	東南	正北	正南	東北	正西
각종 상징어	설괘전(說卦傳) 제11장 참조(p.359)							
참고사항	① 괘의 획수(양효+음효)와 가족비유는 양괘와 음괘를 구분하는 척도임. 그러나 필자의 판단은 다름. ② 8괘에 해당하는 각종 상징어는 설괘전 제11장에서 설명됨으로 생략 하였음(p. 359 참조). ③ 동물 비유에서 '乾=龍, 坤=牝馬'라고 단사에 언급되어 있는데 설괘전 제8장에서의 비유와 같지 않음(p. 358 참조).							

이시환 작성 ⓒ 2021.07.05.

15

'명이(明夷)'라는 낱말의 의미를 새기면서

　'명이(明夷)'라는 생소한 단어가 있다. 물론, 주역의 지화명이괘(地火明夷卦)에서 나온 말이다. 이 명이괘(明夷卦)는 서른여섯 번째 괘로서 곤괘(坤卦:地)와 이괘(離卦:火)가 위아래로 붙어있다. 그래서 지(地)의 덕성인 순종(順從)과 불(火)의 덕성인 밝음(明)을 합쳐서 '밝음으로써 순종함'이라고 읽어야 하는데 -대개의 괘를 그렇게 읽듯이- 여기서는 그렇지 않고, '밝음이 땅속으로 들어감[明入地中]'이라고 읽는다.

　물론, 밝음이 땅속으로 들어갈 때는 그 이유가 있다. 밝음이 밝음으로서 제구실을 다 하면 타자에 의해서 살아남지 못하는 위태로운 상황으로 몰리기 때문이다. 인간사회로 빗대어 말하면 그렇다는 뜻이다. 그 위태로운 상황을 두고, 단사 집필자는 단사(彖辭)에서 '대란[大難:큰 어려움:재앙]'이라는 말로 표현했다. 그래서 안으로는 '문(文)'을 밝히되, 밖으로는 유순함으로써 큰 어려움을 무릅쓰는, 다시 말해, 감당하여 이겨내는 것이 '명이(明夷)'라고[象曰明入地中明夷內文明而外柔順以蒙大難] 했다. 그러면서 자신의 밝음을 어둡게 보여 숨긴다는 것은 대단히 어렵다고도 했다. 그러나 어렵더라도 곧으면, 다시 말해, 자신의 본바탕을 꺾지 않으면서 그 밝음을 철저하게 숨기면 이롭다[明夷利艱貞]는 괘사가 붙어있다.

자신의 밝음을 스스로 감추고서 자신을 어둡게 보이게 하고, 또 순종(順從)함으로써 위태로운 상황에서 벗어나는 것을 두고 '명이(明夷)'라고 하는데 이 '명이(明夷)'에 대해서 역(易)을 공부한 사람들은 한결같이 '밝음의 상(傷)함'이라고 풀이한다. 밝음을 주어(主語)로 생각하면 틀리지 않은 판단이다. 문장상으로는 주어이지만 사람의 밝음이므로 목적어로 간주하면 더 자연스럽게 해석된다. 그러니까, 생략되었지만 주체가 자신의 밝음을 스스로 죽이고[死] 없애는[滅] 일이다. 물론, '夷(이)' 자(字)에는 '상하다', '죽이다', '멸하다' 등의 의미가 다 포함되어 있다. 그래서 어떻게 읽든 틀리지는 않으나 분명한 사실은 자신의 밝음을 스스로 감추고서 자신을 어둡게(어리석게) 보이고, 또 순종(順從)함으로써 위태로운 상황을 벗어나 자기 생명을 보존하는 것이 '명이'라는 점이다. 특히, 이 괘의 각 효사(爻辭)의 내용을 보면 더욱 그러하다.

그렇다면, 우리가 '밝음'이라고 해석한 이 '명(明)'이란 것이 무엇인지 먼저 분명하게 이해할 필요가 있다. 자연에서의 밝음은 당연히 빛[光]이지만 사람에게서의 밝음은 큰 뜻[雄志]이며, 지혜(智慧)이며, 학식(學識)이고, 진리(眞理)와 진실(眞實)을 지향하는 의욕(意欲)이며, 이것들을 두루 포괄하여 한마디로 말하면 좋은 의미의 '능력(能力)'인 것이다. 이 능력은 상대방 경쟁자에게는 부러움의 대상이 될 수도 있으나 대개는 질투나 미움의 대상이 되고, 눈엣가시가 되어서 종국에는 정적(政敵)으로 몰리는 직인이 되기도 한다.

바로 이것을 숨기는 수단이 바로 '어둠[晦]'이고, '순종(順從)'이라는 뜻이다. 이런 논리로 이 괘를 이해하면 고대 중국인이 얼마나 현실적이며, 처세술에 능한지 알 수 있다. 그만큼 경쟁이 치열했고, 약육강식(弱肉强食)의 살벌함이 많았다는 뜻이다. 그래서 도태되지 않고, 죽임을 당하지 않으며, 끝까지 살아남는 것이 최고의 선이라고 말할 만큼 그것을 믿으며, 그 목표달성을 위한 온갖 권모술수(權謀術數)가 일찍이 발달했다고 본다. 그 술수 중에는 굴욕적인 것으로부터 기상천외할 만한 것들까지도 있겠으나 이 명이괘에서는 주문왕(周文王)과 기자(箕子)와 주왕(紂王) 등의 역사적 인물과 관련된 언급이 있다. 공자가 이를 해석하면서 중도와 정도를 깨

닿고 실천하느냐 잃느냐로 분별했으되 상황에 따라서는 그 도를 적절히 숨길 필요가 있다는 논리를 펴고 있다. 주역의 모든 괘가 그렇듯이, '어떻게 하면 흉함을 피하고 길함을 취할까?'라는 한결같은 목적 달성을 위해서 그 방법을 제시한다는 점에서 이해되지 않음이 없다.

그러나 자신의 밝음과 능력을 감추는 수단인 '어둠[晦]'을 어느 선까지 허용하느냐의 문제는 한 번쯤 생각해 볼 필요가 있다. 현실에서는, 똑똑한 이가 어리석은 척하면서 시급한 문제 해결에 동참하지 않고 기피(忌避)할 수 있으며, 죄를 지은 자가 정신이상자처럼 말하고 행동함으로써 형량을 줄이려는 꼼수를 부리기도 하고, 자신의 진짜 속마음을 드러내지 않고 거짓 언행으로써 상대방을 감쪽같이 속이는 술수도 있을 수 있기에 말이다. 물론, 이런 행위들의 근본 목적이 어디에 있느냐에 따라서 다르게 평가될 수는 있다고 본다.

'군자는 이 명이(明夷)를 깨달아서 대중에게 나아가서는 어둠을 써서 자신의 밝음을 적절히 드러내야 한다[君子以莅衆用晦而明].'라고 공자가 괘상(卦象)을 보고 말했는데 얼핏 들으면, 부처의 '방편(方便)'이라는 단어를 떠올리게 한다. 그러나 여기서 굳이 양자를 결부시켜서 말하고 싶지는 않다. 목적지는 같으나 그 가는 길이 다르기에 방편으로 간주할 수도 있겠으나 공자가 말하는 중도(中道)와 정도(正道) 또는 항도(恒道=常道)의 최종 목적지와 부처의 그것이 현실에서는 같은 면이 많으나 궁극적으로는 다르기 때문이다. 불경(佛經)에서도 '중도(中道)'와 '상도(常道)'와 '정도(正道)'라는 용어들이 두루 다 쓰이고 있다. 「부처의 중도(中道)에 관하여」라는 글은 『계사전(繫辭傳) 우리말 번역 & 핵심내용 집중탐구』 242~271쪽을 참고하기 바라며, 부처의 상도(常道)에 관해서는 필자의 글 「상도(常道)란 무엇인가」를 참고하기 바란다.

-2021. 03. 24.

16

주역(周易)의 현실성을 생각하며

주역(周易)이 매우 '현실적'이라고 나는 여러 차례 말을 해 왔는데 이제 그 '현실적'이라는 말을 좀 풀어 보일 때가 된 것 같다. '현실적'이라 함은 사람이 살아가는 실생활과 인간 공동체 사회에서 중요하게 생각하는 바를 최우선으로 추구함 이며, 그 중요하다고 생각하는 바란 물질적 이해타산(利害打算)과 정신적 안정(安定)이라고 나는 판단한다.

그래서 주역에서는 형통함[亨]의 유무(有無)와 정도(程度)를 분별하고, 이로움과 불리함을 따지며, 재앙[災]과 허물[咎]의 유무(有無)와 그 정도를 따지고, 길(吉)과 흉(凶)은 물론 한탄함[吝]과 뉘우침[悔]의 유무(有無) 등을 따지기 좋아한다. 아니, 좋아한다기보다는 이를 목적으로 애초에 주역이 만들어졌고, 꾸준히 가필(加筆)되어 왔다고 해도 크게 틀리지 않는다. 주역의 몸통 격인 괘효사(卦爻辭)에 붙은 吉(길)·凶(흉)·亨(형)·元亨(원형)·小亨(소형)·利(이)·不利(불리)·无不利(무불리)·小利(소리)·災(재)·咎(구)·吝(린)·无咎(무구)·眚(생:눈에 백태 낌)·悔(회:뉘우침)·得(득)·失(실)·喪(상)·厲(려)·憂(우)·患(환) 등 일련의 단어가 그 증거이다. 나는 개인적으로 이들 단어만을 보고도 이해타산에 밝은 '왕서방'을 떠올렸었다.

증거는 이외에도 많다. 제사(祭祀)·혼사(婚事)·옥사(獄事)·정벌(征伐)·섭대천(涉大川:大事)·견대인(見大人:큰 어른을 만남)·유유왕(有攸往:갈 바가 있음)·사냥[佃]·잔치(宴)·취녀(取女) 등 일련의 행사나 행위가 모두 현실 사회에서 이루어지는 구체적인 일들이 아닌가. 주역은 이런 일들을 주로 빗대어서 특정 상황에 놓인 사람의 길흉과 유불리를 따지고 있다.

주역이 얼마나 현실적인가를 실감 나도록 한두 개의 효사(爻辭)를 예로 들어 보이겠다.

①九三, 鴻漸于陸 夫征不復 婦孕不育 凶 利禦寇 : 풍산점괘(風山漸卦) 구삼효사(九三爻辭)

구삼, 기러기가 점점 육지로 나아감이니 남편이 나가면 돌아오지 않고, 부인이 잉태해도 기르지 못함이라 흉하다. 도적을 막는 것이 이롭다.

296

②九二, 巽在牀下 用史巫紛若 吉 无咎 : 중풍손괘(重風巽卦) 구이

효사(九二爻辭)

구이, 공손함이 침상 아래에 있음이니 축사(祝史:신을 모시는 일

을 직업으로 하는 사람)와 무당(巫堂)을 많이 씀이 길하고 허물

이 없다.

①은 풍산점괘의 구삼효사이고, ②는 중풍손괘의 구이효

사이다. 더 이상의 설명이 필요할까마는 이 얼마나 인간사회

의 현실성을 반영하고 있는, 생생한 언어 표현인가. 만약, 이

런 식의 내용이 주역에 가득하다면 어찌 '현실적이라'고 아

니 말할 수 있겠는가. 이 두 효사만을 가지고도 상상력이 풍

부한 작가가 풀어서 쓰면 얼마든지 소설이 되고도 남음이 있

다고 본다. 외람되지만, 그래서 주역이 현실 사회에서 존재

하는 다양한 인간사(人間事)를 반영하고 있다는 점에서 형식

은 문학이 아니나 문학의 원조 격이라고 주저하지 않고 말했

던 바이다.

이러한 주역으로 점(占)을 친다고 생각해 보라. 웃음부터

나오는 것은 당연한 일이라고 생각한다. 더욱이, 공자가 64

괘 괘상(卦象)을 살펴보고 군자(君子)에게 64가지 실천적인

덕목(德目)을 애써 말했는데 그 내용을 분석해보아도, 솔직히

말하면, 옛날에는 큰 가르침이 되었겠지만, 오늘날은 그저 상식적 수준에서 원론적인 얘기에 지나지 않음을 부인할 수 없다. 이에 관한 세부적인 내용은 「주역에서 말하는 군자 실천덕목 64가지」(『계사전 우리말 번역 & 핵심내용 집중탐구』 p.p.234~241 참조)를 참고하기 바란다.

　모르면 궁금하나 알게 되면 그 이상을 꿈꾸게 되는 것이 인지상정인지라 나는 중산간괘(重山艮卦)에서 말하는 것처럼 이제 스스로 물러서야 할 때를 준비해야 할 것 같다.

　-2021. 04. 06.

17

취녀(取女)와 허수인(虛受人)

주역(周易)에서는 '음양의 조화'를 매우 좋아한다. '음양의 조화'라고 하는 것은, 육효(六爻)를 놓고 볼 때, 상괘(上卦)와 하괘(下卦) 사이가 음괘(陰卦)과 양괘(陽卦)로 구성되고, 각 효의 짝이 또한 음과 양으로 이루어지는 관계를 말한다. 예 컨대, 택산함괘(澤山咸卦)를 들 수 있는데, 상괘(上卦)인 택 (澤)은 소녀(少女)이고, 4개 획으로 이루어졌기에 음괘(陰卦)이다. 반면, 하괘인 산(山)은 소남(少男)이고, 5개 획으로 이루어졌기에 양괘(陽卦)이다. 그리고 초효(初爻)와 사효(四爻)가, 이효(二爻)와 오효(五爻)가 각각 음효(陰爻)와 양효(陽爻)로서 짝이 되고, 삼효(三爻)와 상효(上爻)가 양효와 음효로서 짝이 되었다. 이를 전체적으로 보면, 음과 양의 조화로운 만남이라고 한다.

그래서 단사(彖辭)에서도 '부드러움이 위로 올라가고 곧음이 아래로 내려왔다(柔上而剛下)'라고 하면서 '두 기운이 서로 주고받아 감응함으로써 머물러 기쁘다(二氣感應相與 止而說)'라고 설명했다. 이처럼 음과 양의 조화로운 만남을 통해서 만물이 생기는 이치를 두고 '천지가 감응하여 만물이 변화하여 생긴다(天地感而萬物化生)'라는 말로써 표현했고, 남녀 간의 관계도 이 음양의 조화로 빗대어 표현했다.

이런 인식이 전제되어 있기에 주역에서는 '취녀(取女)'라는, '혼구(婚媾:괘효사에서만 5회 사용됨)'와 다른 의미의 단어가 쓰이고 있고, 그 취녀 행위에 대하여 길흉까지 판단한다. 곧, 몽괘(蒙卦) 육삼(六三) 효사(爻辭), 함괘(咸卦) 괘사(卦辭), 구괘(姤卦) 괘사(卦辭) 등에서이다.

①六三, 勿用取女, 见金夫, 不有躬, 无攸利. : 山水蒙卦 六三 爻辭
②咸 : 亨, 利贞 ; 取女吉. : 澤山咸卦 卦辭
③姤 : 女壯, 勿用取女. : 天風姤卦 卦辭

위 세 개 괘상(卦象)의 효(爻)를 기준으로 보면, 음효와 양효의 만남, 곧 유(柔)와 강(剛)의 만남이 이루어지는 상황에서 '취녀'라는 말이 쓰였음을 확인할 수 있다. 그런데 '함괘(咸卦)'만 '취녀길(取女吉)'이고, 나머지는 '물용취녀(勿用取女)'이다. 물론, 여자를 취하지 말라고 한 데에는 이유가 있다. 산수몽괘 육삼은, 돈 많은 사람을 보면 사지를 못 쓰는 여자이기 때문이고, 천풍구괘 여자는 너무 씩씩하여 오래가지 못하는 관계이기 때문이다.

상괘(上卦)와 하괘(下卦)가, 그리고 효들 사이에서 음과 양의 조화로운 만남이 이루어지는 함괘(咸卦)에서는 천지가 감응하여 만물이 화생(化生) 함을 보고서 군자는 '허수인(虛受人)'하라고 했다. '허수인(虛受人)'이라! 글자 석 자뿐인데 이 말이 왜 그렇게 오랫동안 내 마음을 짓눌렀을까. 빈자리에 사람을 받아들이라는 것인가? 이미 확인했다시피, 이 함괘의 괘사가 '취녀길(取女吉)'이지 않은가. 하늘과 땅이 서로 느끼고 호응하는 관계일 때 사람도 남녀가 만나 교감하고 생산적인 활동을 하라는 말인가. 문제는 바로 虛! 나는 '虛(허)'라고 하면 불교 경전 가운데 '虛(허)'가 갖는 의미로 이미 세뇌되어 버렸기 때문이다.

여하튼, 심의용은 "마음을 텅 비워 타인의 마음을 받아들인다."라고 솔직하지 못한 번역을 했고, 고은주는 "마음을 텅 비워서 다른 사람을 받아들인다."라고 대동소이하게 번역했다. 그리고 신원봉은 "마음을 비워 다른 사람을 받아들인다."라고 했는데, 얼핏 들으면 다 옳은 말 같다. 상대방의 마음만

받아들이든 몸과 마음을 받아들이든 사람을 받아들여 취하는데 어찌 마음을 비우라고 하며, 또 비웠다고 하겠는가. 사람을 받아들이는 행위는 분명한 욕구이고, 의지가 내재(內在)된 행위이다. 따라서 '마음을 텅 비워' 따위의 말은 적절치 않다고 본다. 그저 '빈자리'나 '허전한 자리' 정도가 되지 않을까 싶다.

굳건하면서도 점잖게 머물러 있는 산(山)이 부드러운 연못[澤]을 위로 모시어 품듯이 강(剛)한 사내가 유(柔)한 여자를 위로 모시듯 품으라는 뜻으로 보면 크게 틀리지 않으리라 본다. 그리하면, 산의 덕성이 머묾(止)이고, 연못의 덕성이 기쁨(兌, 說)인 고로 '기쁨에 머물리라(止而說)'.

나는 이렇게 조언하고 싶다. 곧, '마음이 허전한 이들이여, 이제부터 산정호수에 가서 홀로 서 보라. 택산함괘의 기운이 느껴지는가?'

-2021. 04. 27.

18

주역(周易)은 문학(文學)의 원조(元祖) 격이다

주역(周易)은 문학(文學)의 원조(元祖) 격이다. 주역 속에는 음(陰)과 양(陽)을 도식(圖式)한 문양(文樣)이 있고, 이들 각각에 이름과 의미를 부여한 문장(文章)이 있다. 문양은 괘(卦)의 형상(形像)을 말함이고, 문장은 괘명(卦名)과 괘사(卦辭)와 효사(爻辭)를 말함이다. 물론, 후에 공자(孔子)를 중심으로 하는 유가(儒家)에서 주역의 괘효사를 읽으면서 '단사(彖辭)'와 '상사(象辭)'를 붙였는데 오늘날 우리가 '주역'이라고 함은 통상적으로 여기까지를 말한다.

그런데 그 문장이 문학적 수사(修辭)에 전적으로 의존하고 있기에 다의(多義)적 해석이 가능하고, 또, 그럼으로써 독자의 상상력을 상당히 자극한다. 여기서 '문학적 수사'라고 하는 것은 원래부터 드러내고자 했던 원관념(뜻, 의미, 대상 등)을 숨기고, 실제로 겉으로 드러내어 사용한 보조관념을 통해서 그 원관념을 환기하거나 빗대거나 상징하여 그 의미를 다

단전(象傳) 우리말 번역 & 핵심내용 집중탐구 303

중적으로 혹은 확대해석하게 하는 효과를 노리는 언어 표현 상의 기법이다. 하나의 예문을 들어보겠다.

'시들은 버드나무에 새순이 돋아남이니 늙은 사내가 그 여 자를 아내로 얻음이라 불리할 게 없다[枯楊生稊 老夫得其女 妻 無不利(澤風大過卦 九二爻辭)].'라는 것이나, 이와 유사한 '시들은 버드나무에 꽃이 핌이니 늙은 여인이 젊은 남자를 얻음이라 허물이 되지는 않지만 자랑할 일도 아니다[枯楊生 華 老婦得其士夫 無咎無譽(澤風大過卦 九五爻辭)].'라는 문장 들은 분명히 문학적 수사임에 그 누구도 부정하지 못할 것이 다. 이런 식으로 주역의 많은 문장이 쓰였다면 주역을 두고 가히 '문학적'이라고 아니 말할 수 있으랴.

주역의 문장이 문학적이라는 사실은, 인간사회에서 흔하게 일어날 수 있는 현실성, 다시 말해서, 현실에서 발생 가능성 이 많은 일의 정황과 관련된, 생생한 언어라는 점에서도 확 인된다. 그러니까, 주역에서는 '허물이 되지 않는다[无咎]', '흉하다[凶]', 이롭다[利], '불리하다[不利]', 해롭다[害], '길함 [吉]의 정도[吉·大吉·元吉]' 등을 판단하기 위해서 점서(占書) 로서 출발했고, 동시에 하늘과 땅의 음양(陰陽) 조화(造化)로 써 부리어져서 주어지는 불가항력적 상황 -이것을 괘(卦)라고 함- 속에서 인간은 무엇을 어떻게 해야 하는지 그 유형과 길을 제시하는 내용 -이것은 효사(爻辭)가 담당함- 이기에 동원되는 어휘(語彙)와 구사되는 문장이 생생하지 않을 수는 없다. 다만, 현재의 현실과는 좀 다른 고대사회의 정경(情景)으로써 묘사·표현되었기 때문에 다소 거리감이 느껴지는 것은 사실이다. 가까운 예를 들어 보이겠다.

현재, 쉽게 기억되는 산천대축괘(山天大畜卦)의 효사(爻辭)에 동원된 어휘와 어구들을 살펴보겠다. 몸통과 바퀴를 연결하는 고리가 빠진 수레[輿說輹], 좋은 말을 뒤쫓는 행위[良馬逐], 송아지의 뿔에 가로댄 나무[童牛之牿], 거세한 돼지의 어금니[豶豕之牙], 하늘의 네거리[天之衢] 등이 하늘 위로 높이 솟은 산처럼 많이 쌓고 크게 길러내야 하는 '대축괘(大畜卦)' 라고 하는 주어진 상황 속에서 각기 다르게 처해있는 사람들의 경우 수[六爻]와 대처법을 직간접으로 말해주는 효사(爻辭)에 동원된 어휘·어구들이다. 이들을 보면, 하나같이 속뜻을 내장하고 있는 비유적인 보조관념들임을 알 수 있다.

문제는, 이들 괘에서만 그런 게 아니라 모든 괘의 효사에 동원된 어휘와 표현이 이처럼 비유어로 가득하다는 점이다. 용(龍), 빈마(牝馬), 빈우(牝牛), 석육(腊肉), 건육(乾肉), 섭대천(涉大川), 간부지고(幹父之蠱) 등 수많은 어휘가 다 비유어(譬喩語)이다. 게다가, 굉장히 함축적(含蓄的)이면서 정서적(情緒的)인 언어가 많이 쓰였음은 다분히 시적(詩的)이라고까지 말할 수 있다. 그 예를 들어 보이겠다. 중수감괘(重水坎卦)에, 잘 쓰지 않는 말이지만 '감담(坎窞)'이라는 단어가 나온다. 구덩이 坎(감)에 광(壙:묏자리의 작은 구덩이) 바닥의 작은 구덩이 窞(담) 자이다. 그래서 '감담(坎窞)'이란 시신을 묻기 위해서 파놓은 구덩이 안의 작은 구덩이를 말한다. 물론, 역(易)에서는 '구덩이 속으로 난 구덩이로 들어감[入于坎窞]이라 흉하다'라는 말을 하면서 쓴 말인데 위험하고 불길한 상황을 이 '감담'이라는 말로 표현하고 있으니 이 얼마나 함축적이며 정서적인 표현인가.

같은 괘 육사(六四) 효사로서 이런 문장이 있다. 곧, "술병과 제기 둘을 질그릇에 담아서 들창문으로 검소하게 들이니 끝내 허물이 없다[樽酒簋貳用缶 納約自牖 終无咎]."가 그것이다. 구오(九五) 임금의 신하로서 육사가 아주 질박하게 임금과 자리를 함께하며 사귀는 정황을 이렇게 묘사하였다. 이 얼마나 아름다운 시적 표현이며, 술병·제기·질그릇·들창 등의 단어들이 허심탄회하고 소박한 만남의 자리를 겉으로 드러내는 수단으로 적절하게 사용되었는가. 이런 단어 하나하나가 가지는 상징성이 충분히 문학적이라고 나는 판단한다.

그런데 이러한 수사적 언어 표현 말고도 주역이 문학적이라는 사실이, 더 근원적인 곳에 있다. 그것은 괘(卦)를 구성하는 것이 여섯 개의 효(爻)이고, 효는 음과 양을 표시한 도식(圖式)일 뿐인데 그 효에 부여한 '인성(人性)'과 그 효 사이에 부여된 '관계(關係)'이다. 그래서 각각의 효를 인간 존재로 여기고서 나이, 성(性), 신분상의 위상(位相), 짝[配], 원근(遠近), 귀천(貴賤), 강유(剛柔) 등의 성품 등을 부여하고 이들 요소로써 관계를 짓되, 단순한 음양의 관계를 사람의 관계로 바꾸어서 해석한다는 점이다. 이 부분에서는 다분히 소설과도 같다. 이 또한 넓은 의미의 의인법(擬人法)으로서 문학적 수사임에는 틀림이 없다.

괘명(卦名)과 괘사(卦辭)와 효사(爻辭)가 이를 전제로 지어졌기 때문에 그에 맞추어서 해석하는 법을 배워야 비로소 '주역(周易)'이라고 하는 '커다란 숲속'으로 들어갈 수가 있다. 이 숲을 두고 나는 '관념(觀念)의 큰집'이라고 부른다. 이 큰집으로 들어가려면 대문을 비롯하여 크고 작은 문들을 열어야 하는데 그 문의 열쇠를 가지고 있지 않으면 불가능해진다. 그 키라는 것이 바로 이것이다. 곧, 하늘과 땅을 건(乾)

과 곤(坤)으로 부르고, 건(乾)은 양(陽), 대(大), 강(剛), 외(外), 본(本), 상(上), 명(明), 정(正), 성인(聖人), 남(男), 부(夫), 천도(天道)라고 했을 때 곤(坤)은 이에 맞추어서 음(陰), 소(小), 유(柔), 내(內), 말(末), 하(下), 유(幽), 부정(不正), 군자(君子), 여(女), 부(婦), 지도(地道)라는 식으로 이분법적인 판단을 해야 한다는 점이다. 이런 키로써 괘상(卦象)의 양효(陽爻)를 두고 대인(大人)이라고 부르면 음효(陰爻)는 자연스럽게 소인(小人)이 되고, 양효를 성인지도(聖人之道)라고 부르면 음효는 군자지도(君子之道) 혹은 소인지도(小人之道)가 되어버리는 식이다.

이런 마스터키를 휴대하고서 주역의 큰 관념의 집으로 들어가 구석구석을 살펴보고 그곳에 사는 이들과 자연스럽게 대화를 나눌 수가 있다. 이 얼마나 재미있는 문학적 놀이인가. 그래서 나는 처음부터 주어진 조건인 괘명과 괘사와 효사가 음양을 도식한 '괘상(卦象)'이라는 것과 얼마나 일치하는지, 그 합당성부터 문제로 삼았으며, 그것을 염두에 두고 늘 의심하는 눈초리로 보았었다. 그러니 누가 내게 주역을 '점서(占書)'라고 말하면 나는 잠시 가지고 노는 장난감 정도로밖에 보이지 않는다고 말할 것이며, 누가 내게 이 주역을 경서(經書)라고 하면서 일자(一字) 일구(一句) 수정할 수 없는 존엄한 것으로 주장한다면 나는 그에게 벌벌 떨지 말고 헤엄쳐 건너가라고 말하고 싶다.

　　　　-2021. 03. 16.

[건곤의 덕성을 설명하는 용어 일람표]

乾	天	陽	剛	健	大	知	尊	德	易	險	象	聖	男	君子
坤	地	陰	矛	順	廣	成	卑	業	簡	阻	像	君	女	小人
상, 1장 상, 5장 상, 6장 상, 11장 상, 12장	상, 4장 상, 7장 상, 9장	상, 5장	상, 1장 하, 6장 하, 12장	하, 12장	상, 6장	상, 1장	상, 1장	상, 7장 하, 5장	상, 1장 하, 1장	하, 12장	상, 1장	상, 8장	상, 1장	

'음양의 작용이 곧 도(道)이고, 도가 곧 역(易)이다'라는 것이 계사전 집필자의 판단이다.
그는 역을 설명하면서 위에 도식한 용어들을 사용했고, 이들은 같은 의미라고 보아도 틀리지 않는다.
다 건과 곤의 속성, 곧 그 의미, 작용, 덕성 등을 설명하는 말이기 때문이다.
바로 여기에서 건곤지도, 천지지도, 음양지도, 이간지도 등 일련의 용어가 나왔다.

이시환 작성 © 2021.06.30.

19

문학의 낡은 창고(倉庫) 같은 주역을 읽으며

주역(周易)에는 여러 동식물과 생활 도구와 풍습(風習)이 나온다. 이뿐만 아니라, 현대사회에서는 받아들이기 곤란한 인간 삶의 유형이랄까 행태도 나온다. 이들을 차례로 지금 생각나는 대로 정리해 보겠다.

첫째, 동물로는, 용(龍:潛龍, 怠龍, 躍龍, 飛龍, 亢龍), 말(馬, 牝馬, 乘馬, 白馬), 사슴(鹿), 호랑이(虎), 물고기(魚, 鮒), 소(牛, 童牛, 牝牛, 黃牛, 殺牛), 돼지(豶豕, 豚), 거북이(靈龜), 짐승(禽), 양(羊, 羝羊), 다람쥐(鼫鼠), 여우(狐), 매(隼), 표범(豹), 기러기(鴻), 꿩(雉), 새(飛鳥, 翼, 翰音), 학(鶴), 닭(翰) 등을 들 수 있다. 이들을 살펴보면, 당대인의 생활 속에서 자주 접할 수 있거나 아니면 마음속에서나마 그려지는 어떤 상징적인 의미가 부여된 상상의 동물도 들어있다. 대개는 가축으로 사육되는 것으로부터 사냥감에 이르기까지 다종다양한데 이들 모두가 다 특정 괘(卦)나 효(爻)의 상황을 설명하기 위해서 끌어들인 비유적인 상징물들이다. 이 상징물들을 통해서 인간 존재와 삶의 유형을 설명하는 방편으로써 사용되었다고 말할 수 있다.

　둘째, 식물로는, 띠풀[茅], 뽕나무[桑], 버드나무[楊], 가시나무[棘], 구기자[杞], 질려(蒺藜), 칡넝쿨[葛藟] 등을 들 수 있다. 그리고 생활 도구로는, 수레[車, 輿], 수레의 바퀴[輪, 輹], 침상[牀], 도끼[斧], 술통[樽], 제기 그릇[簋], 질장구[鼓缶], 우물[井], 솥[鼎], 활[弓], 화살[矢], 술잔[爵], 두레박 줄[繘], 배[舟] 등을 들 수 있다. 물론, 이들 외에도 더 있는데 이들은 모두 당대인의 생활과 밀접한 관련이 있고, 특히 세시풍습과도 떼려야 뗄 수 없는 것들이 많다. 이들 역시 궁극적으로는 각 괘와 효를 통한 인간 삶의 양태를 설명하기 위한 수단이다.

　셋째, 생활풍습으로는 제사(祭祀), 사냥, 혼구(婚媾), 첩(妾)들이기, 잔치[宴], 정벌(征伐), 섭대천[涉大川:위험이 수반되는 국가 대사], 형벌(刑罰), 손님[賓]맞이, 도둑[寇, 匪]이나 적(敵) 대처법 등을 들 수 있다.

　그리고 현대사회에서 받아들이기 곤란한 인간 삶의 유형으로는, 사익이나 국익을 위해서 무력으로써 남의 영토를 침략

하여 생명과 재산을 탈취하는 행위라든가, 늙은 남자나 여인이 젊은 사람을 취하는 행태라든가, 첩(妾)이나 종을 부리는 삶이라든가, 정벌 나간 남편이 돌아오지 못하는 동안에 부인이 아이를 잉태하나 기르지 못하는 상황을 맞는 삶의 양태 등을 들 수 있다. 물론, 이외에도 더 들 수 있으나 언급된 내용 관련 괘효사(卦爻辭)[1]만을 붙여 놓겠다.

이러한 요소들은 문학 소설의 배경과 소재가 될 수 있고, 연극 무대의 장식이자 배우들의 복식(服飾) 같은 구실을 한다. 그래서 타임머신을 타고 고대 농경 및 수렵사회로 돌아가 구경하는 듯한 분위기를 독자에게 물씬 안겨 준다. 물론, 이와 전혀 다른 환경에서 자란 요즈음의 젊은이들에게는 그것들이 오히려 낯설고, 고리타분한 이야기에 지나지 않을 수도 있겠으나 곰곰이 생각해 보면 생활 무대만 바뀌었을 뿐이지 등장인물들의 욕구나 행동 양식 등은 별반 다르지 않음

---

1) ①不富以其鄰利用侵伐 无不利 : 地山謙 六五 爻辭
　②枯楊生稊 老夫得其女妻 无不利 : 澤風大過 九二 爻辭
　③枯楊生華 老婦得 其士夫 无咎 无譽 : 澤風大過 九五 爻辭
　④王用出征有嘉 折首獲匪其醜 无咎 : 重火離 上九 爻辭
　⑤係遯有疾 厲 畜臣妾 吉 : 火山遯 九三 爻辭
　⑥姤 女壯 勿用取女 : 天風姤 卦辭
　⑦鴻漸于陸 不征不復 婦孕不育 凶 利禦寇 : 風山漸 九三 爻辭
　⑧歸妹以娣 跛能履 征吉 : 雷澤歸妹 初九 爻辭
　⑨巽在牀下 用史巫紛若 吉 无咎 : 重風巽 九二 爻辭
　⑩渙其血去 逖出 无咎 : 風水渙 上九 爻辭

을 자각하는 순간 깜짝 놀라기도 할 것이다. 비록, 옛사람들의 이야기이지만 다양한 인간 존재와 다양한 삶의 유형을 통해서 얼마든지 오늘을 읽을 수 있기 때문이다. 바꾸어 말하면, 껍데기는 많이 달라졌지만, 인간 존재 유형과 삶의 패턴의 본질 등 속 모습은 그대로이기 때문에 현대인에게도 그대로 적용될 수 있다는 데에 그 의미가 없지 않다.

어쨌든, 주역의 매력은 인간이 처할 수 있는, 인간에게 발생 가능한 384가지 경우 수를 설명하고 있다는 점이고, 그 설명하는 문장이 비유적인 수사(修辭)에 의존하고 있기에 다분히 '문학적'이라고 말할 수밖에 없다. 수많은 얘깃거리를 담고 있고, 또한 제공해 준다는 점에서 소설 문학의 소재(素材)와 제재(題材)가 쌓여있는, 낡은 창고 같다는 생각이 드는 것도 사실이다. 이뿐만 아니라, 대단히 함축적이고 정서적 심미감을 자아내는 어휘나 수사가 적지 않다는 점에서는 다분히 '시적(詩的)'이라고도 말할 수 있다. 내가 끝까지 주역 전문을 숙독(熟讀)한 것도 다 이 때문이다. 그 시적 표현의 예 몇을 들자면 이러하다.

①有孚于飮酒无咎 濡其首有孚失是 : 火水未濟 上九 爻辭
②枯楊生華 老婦得 其士夫 无咎 无譽 : 澤風大過 九五 爻辭

③習坎 入于坎窞 凶 : 重水坎 初六 爻辭

④視履 考祥 其旋 元吉 : 天澤履 上九 爻辭

⑤包荒 用馮河 不遐遺 朋亡 得尚于中行 : 地天泰 九二 爻辭

⑥中孚豚魚 吉 利涉大川 利貞 : 風澤中孚 卦辭

⑦鳴鶴在陰 其子和之 我有好爵 吾與爾靡之 : 風澤中孚 九二 爻辭

위 예문들을 일일이 설명해야 하겠지만 이미 '시리(視履)'
와 '포황용빙하불하유(包荒用馮河不遐遺)'에 관해서는 수필
형식으로 글을 썼고, 나머지에 대해서도 글을 쓸 것이기에
여기서는 생략하고자 한다. 물론, 한문 해독 능력이 있는 분
들은 위 예문을 통해서도 주역의 문장이 얼마나 시적인지 이
미 체감했으리라 본다. '믿음이 있어서 술을 마시면 허물이
되지 않는다. (그러나) 그 머리까지 적실 양이면 믿음이 있다
해도 그 진실을 잃은 것이라'는 문장이나, '중도에 대한 믿음
이 있으면 돼지와 물고기에게도 길하다'라는 표현은 정말이
지 많은 생각을 하게 한다. 그리고 물웅덩이 속의 웅덩이[坎
窞]를 상상해 보라. '마른 버드나무에 꽃이 핌과 같이 늙은
부인이 젊은 사내를 남편으로 맞이함은 허물이 되지 않으나
명예롭지 못하다'라는 삼천 년 전 사람의 말이 얼마나 우리
를 붙잡아 놓는가.

이런 주역을 알아도 살고, 몰라도 사는 데에 지장은 전혀 없다. 주역의 내용을 이해하고 알기 위해서 공을 들이는 것도 중요하지만 당장 내가 마땅히 해야 할 일들에 정성을 쏟는 것이 더 중요하다. 그 일들을 잘 처리하기 위해서 주역을 이해함은 크게 도움이 된다. 그러나 나는 아직 주역 공부가 끝나지는 않았다. 그렇다고 이미 주역을 공부한 사람들이 지나칠 정도로 포장하는 것과는 다르다. 이 주역도 샅샅이 쪼개고 해부하여 살펴보면 그렇게 무거운 것도 아니고, 그렇게 내 삶을 묶어둘 필요가 없음을 알게 될 것이다. 나는 주역을 한낱 문학적 상상력과 소재를 제공하는, 묵은 창고 같은 존재로 인식하고 있으며, 과거 경쟁에 치열했던 고대 중국사회의 사람들이 살아남기 위해서 궁리해낸, 오늘날의 처세술 같은 책에 지나지 않는다고 생각한다. 이로운가 불리한가를 따지고, 길한가 흉한가를 따지며, 이롭다면 얼마나 이로운가를 계산하고, 흉하다면 얼마나 흉한가를 따져보는 왕서방의 현실적인 책이다.

천도(天道)가 무엇인지를 구체적으로 말하지 못하면서 천도 타령을 하는 것은 앵무새에 불과하다. 설령, 말한다고 해보았자 십익 집필자처럼 낮과 밤을 베풀고, 사시(四時)를 베풀며, 차고 빔[盈虛]과 음양(陰陽)의 변화를 통해서 지구상에 만물이 생기고, 성장하고, 열매 맺고, 병사(病死)하는 순환의 질서를 얘기하는 정도이지 않은가.

　게다가, 하늘은 생명을 위해서 자신의 덕을 베푸는 것이 아니다. 하늘은 그냥 존재할 뿐이다. 물론, 그것이 존재하기에 지구에서의 생명 역사도 존재한다. 서로의 관계가 있을 뿐이다. 그러나 그 관계라는 것도 변하지 않는 것 같지만 변하고 있으며, 영원할 것 같지만 그 끝도 있게 마련이다. 다만, 사람이 보기에 현재의 태양과 지구 사이 관계와 지구와 달과의 관계 등이 지구상의 생명에게 이롭게 작용한다는 점에서, 반드시 이로운 것만도 아니지만, 그것에 인성을 부여하고 있으나 그것들은 선하지도 않고 악하지도 않다.

　-2021. 04. 22.

20

주역(周易)을 읽고 난 뒤에 정리된 생각 열 가지

주역 64괘(卦) 384효(爻)를 빠짐없이, 비교적 꼼꼼하게 다 읽어본 사람으로서 나는 무엇을 얻었다고 생각하는가? 주역이 내게 요구하는 것 같은, 몇 가지를 지금 생각나는 대로 말하자면 이러하다.

첫째, 뜻을 세우고, 초지일관 노력하라. 무엇인가를 하고자 하는 욕구와 그것을 실행하고자 하는 의지를 나는 '뜻'이라고 한다. 그 뜻을 나타내는 주역의 한자로는 대표적으로 '志(지)'를 들 수 있다. 주역에서는 志(지)를 많이 강조하며, 그것이 변해서도 안 되고, 그것을 잃어서도 안 되는 것으로 말한다. 그런데 여기에는 조건이 붙어 있다. 그 조건이란 바르고(正), 곧아야 하며(貞), 자신과 다수의 타인에게 이로워야(利) 한다는 점이다. 이런 뜻으로는 무엇이 있을까? 물론, 주역에서는 64가지 괘상(卦象)에 내재한 상황에 맞게 말하고 행동하는 처신법 일체라고 말할 수 있다. 그 대표적인 사례로 굳이 예를 든다면, 제사(祭祀), 혼구(婚媾), 사냥, 옥사(獄事), 정벌(征伐), 섭대천(涉大川), 만남, 절약(節約), 통제(統制), 천지도(天地道)에 대한 믿음 등을 들 수 있다. 요즘 말로 치면, 각기 자기 삶의 장단기 목표가 되리라 본다.

둘째, 믿음을 가져라. 무엇에 대한 믿음인가? 자기 자신과 상대방을, 그리고 성현(聖賢)의 가르침과 자연의 질서에 대한 믿음이다. 이를 줄여서 말하면, 사람으로서 사람에 대한 믿음이며, 동시에 사람의 삶을 가능하게 하는 자연의 질서에 대한 믿음이다. 주역에서는 자연의 질서에 관해서 '천지(天地)의 도(道)'라는 말로써 표현하고, 그 천지의 도를 알아차리는 사람을 성인(聖人)이라고 하며, 그 성인의 가르침을 근원으로 군자나 백성들은 실천해야 한다고 주장한다. 이런 믿음을 드러내는 주역의 한자로는 대표적으로 '孚(부)'와 '信(신)'을 들 수 있다. 요즘 말로 치면, 자신과 타인에 대한 믿음이며, 신(神)에 대한 믿음이자 과학적 사실에 대한 믿음이라고 할 수 있다.

셋째, 드리워진 상황(狀況)을 분별(分別)하라. 여기서 '드리워진 상황'이란 내 의지나 의도에 상관없이 주어지는 운명 같은 시대적인 여건이다. 간단히 말해, 64가지 괘상(卦象)이 내포하고 있는 의미들이다. 이것들을 분별할 줄 알면 현실적으로 어떠한 상황이 전개되더라도 그 상황에 맞게 처신하고 대처할 수 있는 지혜심이 발휘될 확률이 높아진다. 그래서 그 피해를 최소화하고, 그 허물을 최대한 줄여서 무탈하게, 가능하면 이롭게 살고자 하는 것이다. 주역의 예를 들어서 설명하자면, 앞으로 나아갈 때는 앞으로 나아가고, 뒤로 물러설 때는 물러서야 하며, 검소한 생활로 아낄 때는 아껴야 하고, 위험을 무릅쓸 때는 감행하는 용기와 지혜를 내어야 한다. 요즘 말로 치면, 현실을 직시하고, 문제를 해결하기 위해서 합리적이고도 전략적인 방법을 꾀해야 한다는 뜻이다.

넷째, 평소에 덕(德)을 쌓고 기르라. 여기서 '덕'이란 자신의 어진 마음을 발휘하여 타자에게 필요한 도움을 베푸는 일체의 실천적 행위로부터 시작해서 그런 나를 믿고 따르는 존경과 숭앙(崇仰)하는 마음을 얻는 일이다. 그래서 근원적으로 타자에 대한 어짊이나 자비심이 없다면 불가능한 일이다. 그래서 주역에서는 수덕(修德)·양덕(養德)·육덕(育德)·검덕(儉德)·현덕(賢德)·후덕(厚德)·대덕(大德)·적덕(積德)·잠덕(潛德) 명덕(明德) 등 일련의 숱한 용어들이 직간접으로 쓰이고 있다. 여기에도 조건이 붙어 있다. 그것은 바름(正)과 곧음(貞)이다. 요즘 말로 치면, 그 말과 행동이 표리부동하지 않아야 하고, 속임수 없는 진실이 전제되는 봉사요, 베풂이다. 위선적인 사회봉사 활동은 명예를 실추시키고 자신을 파멸의 길로 걷게 한다.

다섯째, 무엇이든지 잃지 마라. 잃는 것이 무엇이든 그것은 손해(損害)가 된다. 물론, 잃음에도 큰 잃음이 있고, 적은 잃음이 있다. '잃는다'라는 의미로 주역에서 가장 많이 쓰인 한자로는 '失(실)'과 '喪(상)'이 있다. 현대인에게는 돈(錢)과 건강이 가장 중요한, 잃지 말아야 할 대상이지만 주역에서는 '사람'과 '재물'과 '도(道)'로써 압축된다. 사람으로는 朋(붕), 丈夫(장부), 小子(소자), 童僕(동복), 上下(상하), 동류(同類) 등이 있고, 재물로는 말(馬), 소(牛), 양(羊), 화폐(貝), 화살집, 화살촉, 머리꾸미개 등이 있으며, 도(道)로는 상도(常道), 정의(正義), 옳음(是), 때(時), 규율(律) 등이 있다. 어쨌든, 그것이 무엇이든 잃는다는 것은 이롭지 못한 것으로 살아가는 동안에 경계해야 할 일이다. 물론, 많든 적든 내 것을 스스로 덜어내어서 필요한 이에게 보태어 주는 것은 잃음이 아니다. 그렇듯, 내가 손해를 보더라도 크게 기분이 나쁘지 않고 마음 상하지 않으면, 그래서 누군가가 그만큼 이로우면 이 또한 잃음이라고 볼 수 없다.

여섯째, 진실하게 겸손하고, 품격으로써 예의를 갖추어라. 겸손은 세상 사람들이 한결같이 요구하며 좋아하는 덕목이나 스스로 실천하기란 쉽지 않다. 예수도, 석가도, 마호메트도, 공자도 겸손을 많이 강조했고, 우리도 겸손한 사람을 만나면 마음이 편해지기에 언제나 겸손이 몸에 배도록 평소에 노력해야 한다. 그리고 예의범절(禮儀凡節)에는 형식이 수반되는데 그 형식에는 품격이 있으면 있을수록 좋다. 예(禮)에서 음악이 나오고, 문학도 나오며, 모든 예술의 뿌리가 바로 예이다. 이해하기 쉽지 않겠으나 예는 인간의 모든 언행의 바탕이 되어야 한다. 요즘 말로 치면, 약속 잘 지키고, 상대방의 처지를 고려해 주며, 내가 조금 더 불편해지고 내가 조금 더 인내심을 발휘하는 것이 겸손이고 예이다.

일곱째, 관찰(觀察)하며 사유(思惟)하라. 내게 주어진 감각기관으로 최대한 자연현상과 대상을 관찰하고, 사유하는 습관을 기르는 것이 사실을 사실로 인지하는 데에 절대적으로 필요하다. 여러 현상을 통해서 그 질서와 그 진실을 알게 되며, 대상의 분별을 통해서 서로의 관계를 이해하고 종국에는 '나'를 이해하게 된다. 이해(理解)와 인지(認知)가 바로 지식(知識)이 되며, 그 지식을 쌓고 활용하는 것이 바로 지혜(智慧)가 된다. 단순히 아는 것과 그 아는 것을 활용하는 일은 다르다. 많이 알면 자칫 병이 되기 쉽고, 그 아는 것을 생활 속에서 적극적으로 적용하고 활용하는 것은 크게 이로움을 안겨준다. 경전을 많이 읽고 깊게 분석하여 그 내용을 훤히 알고만 있을 뿐 실천하지 못하면, 다시 말해 내게 적용하지 못하면 그것은 썩은 지식에 불과하고, 결국에는 나를 피폐(疲弊)하게 한다. 이런 사실을 아는 것도 다 관찰과 사유의 덕이다. 요즘 말로 치면, 일방적으로 주입되는 정보에 혼을 빼앗기지 말고 세상에 유익한 새로운 정보 하나라도 생산하는 쪽에 에너지를 쓰라는 뜻이다.

여덟째, 중도(中道)를 상도(常道)로 삼아라. 지나치지도 않고 부족하지도 않게, 그 양(量)과 질(質)에 있어서 양극단을 지양하여 적절한 균형점 위에 자신을 세워라. 지나친 추구는 집착을 낳고, 지나친 태만(怠慢)은 방종(放縱)을 낳는다. 부처가 그랬듯이 공자도 중도를 상점의 간판처럼 내걸었다. 중도가 대립과 갈등을 일으키지 않고, 분열을 조장하지 않기 때문이다. 그렇다고, 옳고 그름이 분명한데도 불구하고 양다리를 걸쳐서 모호하게 처신하라는 뜻은 아니다. 이런 중도를 견지하고서 평생을 살아간다면 적어도 위험한 상황으로 자신을 내몰지는 않을 것이다. 요즘 말로 치면, 의견(意見)의 차이(差異)나 대립은 얼마든지 있을 수 있고, 그 다양성을 인정하여 어느 쪽도 배제하지 않고 조화롭게 포용하려는 자세와 노력이 있어야 한다는 뜻이다.

아홉째, 큰일을 추진함에 신중(愼重)과 과감(果敢)을 분별(分別), 구사(驅使)하라. 지식이 부족하면 지혜를 내기 어렵고, 지혜를 내지 못하면 방법을 분별하지 못하며, 방법을 분별하지 못하면 실행이 더디어진다. 아는 게 없으면 계산이 어렵고, 계산이 어려우면 예측·예단이 불가능하며, 예단이 불가능하면 신중도 과감도 소용없다. 그래서 주역에서는 '전략적 사고(思考)'를 은연중 강조한다. 신중하게 계산하고 예측하여 일을 계획하되 계획되었으면 용기를 내고 에너지를 집중하여 과감하게 추진하는 태도를 원한다. 이것을 주역의 시각에서 해석하자면 하늘의 뜻을 신중하게 헤아리고, 땅의 능력을 감안(勘案)하여 사람의 일을 계획하고 추진하라는 뜻이다. 그러나 그것은 쉽고 간단하다고 했다.

열 번째, 자기 잘못에 대해서는 시인(是認), 반성(反省)하되 이런 부끄러운 일을 줄이기 위해서는 평소 자기성찰을 게을리하지 말아야 한다. 주역은 사람과 사람 사이의 '관계'를 대단히 중요시하고, 또한 이해득실(利害得失) 따지기를 매우 좋아하는 현실적인 처세술에 가깝다. 따라서 주변에 따르는 사람이 많을수록 좋고, 명예와 능력을 유지 발전시키려면 자신의 어리석음을 극복하려는 노력을 부단히 해야 한다. 심지어는, 모든 언행에 솔선수범을 보여야 하고, 언제나 어짊과 자비심에 그 뿌리를 두고서 정신적 물질적 사랑을 베풀어야 한다. 이런 삶을 지향하는 사람도 실수나 잘못을 저질렀다면 때를 맞추어 시인하고, 반성하는 것이 그 실수로 인한 손실을 줄일수 있다. 근원적으로 그런 실수나 잘못을 없게 하려면 자신을 관찰 대상으로 여겨서 자신의 모순(矛盾)과 불합리(不合理)와 무지(無智)를 살피고 경계해야 한다. 이것이 소위, 자기 성찰이다.

-2021. 05. 19.

주역(周易)의 핵심을
알기 쉽게 정리하면

01

주역(周易)의 핵심을 알기 쉽게 정리하면

　1. '태극(太極)'에서 '양(陽)'과 '음(陰)'이 나오고, 그 양과 음이 서로 움직이어 '관계(關係)'를 짓는다.

　2. 양과 음이 관계를 짓기 위해 스스로 움직이어 미치는 '공간(空間)'은 하늘, 사람(만물), 땅이다. 중국 고대인이 인식한 공간은 위로 하늘, 아래로 땅, 그 사이에 사람을 비롯한 만물이 있다고 생각했다. 물론, 그 방향은 '동·서·남·북·중' 오방(五方)으로 인식했다.

　3. 양과 음의 관계란 상추(相推), 상박(相薄), 상탕(相蕩) 등의 용어로 「계사전(繫辭傳)」에서 표현되었으나, 양과 음이 서로 배척하듯 밀어내기도 하고, 상대의 세력 성장을 억제(抑制)·제지(制止)시키기도 하고, 서로 협력하듯 지시하고 순종하며 일을 도모(圖謀)하기도 한다. 그래서 어떤 괘에서는 이음과 양의 조화(調和)·협력(協力)·친비(親比)를 말하기도 하

고, 또 어떤 괘에서는 상대의 세력 확장을 억제(抑制)·제지(制止)·퇴출(退出)시키기도 한다. (바로 이점은 주역의 효사(爻辭)가 왜 이렇게 정해졌느냐는 질문을 하게 하면서 이해하기 어렵다고 느끼게 되는 본질적 이유 가운데 하나이다.)

4. 양이 하늘 사람 땅에 두루 미치는 상태를 '乾'이라 부르고, 陽이라고 도식한 부호 세 개로써 형상화하여 위로부터 천(天), 인(人), 지(地)를 상징한다고 하듯이, 음이 삼재(三才)에 두루 미치는 상태를 '坤'이라 부르고, 陰이라고 도식한 부호 세 개로써 그 삼재를 각각 형상화했다고 한다. [건곤(乾坤)이, 그리고 이 건곤에서 나온 여섯 개 괘 모두가 세 개의 획으로써 도식되는 이유이기도 하다. 여기서 '상징한다'라는 것은 음양(陰陽)이 영향을 미친다는 뜻으로 이해하면 무리가 없다.]

5. 건(乾)이 위로, 곤(坤)이 아래로 자리 잡고서 서로에게 영향을 미치는데, 건(乾)이 음(陰)의 영향을 받아 건의 삼 획이 위에서부터 한 차례씩 음으로 바뀌게 되는데 그 순서에 따라 변(變)한 모양을 보고 '태(兌), 리(離), 손(巽)'이라는 이름으로 부르고, 곤(坤)이 양(陽)의 영향을 받아 곤의 삼 획이 위에서부터 한 차례씩 양으로 바뀌게 되는데 그 순서에 따라 화(化)한 모양을 보고 '간(艮), 감(坎), 진(震)'이라는 이름으로 부른

다.

[이시환의 팔괘 도식표]

☰	☱	☲	☴	☷	☶	☵	☳
乾	兌	离	巽	坤	艮	坎	震
天	澤	火	風	地	山	水	雷

6. 결과적으로, 건이 변하여 태(兌), 리(離), 손(巽)을 낳고, 곤이 화하여 간(艮), 감(坎), 진(震)을 낳음으로써 비로소 팔괘가 생성(生成), 성립(成立)된다. 이 얘기는 사상(四象)이 팔괘(八卦)를 낳았다는 주장이 틀렸다는 뜻이다. 주역(周易)의 주장대로 사상이 팔괘를 낳았다면 16개의 괘가 되어야 하고, 그 상(象)은 네 개의 획으로 도식되어야 옳다. 사상(四象)은 두 개의 획으로써 도식되었으니 말이다.

7. 팔괘는 양(陽)과 음(陰)의 세(勢)와 그 위치(位)가 다르듯이 각기 다른 성품(性品)을 가지며, 그들이 서로 한 차례씩 만나는 경우의 수로 64개 괘(卦)를 만들어 낸다.

8. 팔괘 중 두 괘씩이 짝을 이루어 위아래로 결합함으로써

64개의 괘가 만들어지므로 팔괘 하나하나의 성품이 대단히 중요하며, 조합된 상태의 위치 곧 자리가 또한 중요하다. 그래서 「설괘전(說卦傳)」에서 팔괘의 성품(性品), 자질(資質), 덕성(德性), 의미(意味) 등을 애써 설명하며, 건과 곤이 조합되어도 건이 위로 가면 '천지비(天地否)'가 되고, 아래로 가면 지천태(地天泰)가 되어 전혀 다른, 아니, 상반된 의미를 띤다.

9. 64개의 괘는 각기 독자적인 성품(性品)과 덕성(德性)으로 작용하여 천인지(天人地) 삼재에 두루 영향을 미치며, 독자적인 의미(意味)를 지닌다.

10. 64괘 하나하나의 의미는 '괘명(卦名:괘의 이름, 호칭)'으로 드러내었고, 그 괘 성품과 덕성의 작용으로 나타난 결과가 어떠한가에 관해서는 '괘사(卦辭)'를 통해서 드러내었다. 그래서 괘사는 괘의 의미, 작용(기능), 그 특징 등을 평가, 결정한 짧은 문장으로 표현되었다. 그런 괘사에 관해 판단(괘의 의미, 작용 등을 평가 결정한)의 근거를 중심으로 보충 설명한 것이 오늘날의 '단사(彖辭)'이다.

11. 단사(彖辭)에서 언급된 그 판단의 근거는, 괘의 의미(意味), 상괘(上卦)와 하괘(下卦)의 덕성(德性)과 작용(作用), 중도

(中道)를 얻는 오효와 이효의 역할, 양효(陽爻)와 음효(陰爻)의 상관관계 내지는 변화(變化) 추이(推移) 등이며, 항시 그 끝은 인간사의 도리(道理)와 천지의 이치(理致)를 결부시켜 그 당위를 설명하려고 한다는 점이다. 그래서 하늘의 이치가 이러하니 인간사도 역시 이러하다는 식이거나, 인간사의 도리를 보니 이러한데 역시 하늘의 이치가 그러하기 때문이라는 식이다. 이 이야기는 결과적으로, '하늘의 이치가 이러함으로 우리 인간의 도리도 마땅히 이러해야 한다'는 시각과 논리를 앞세우는 특징과 한계가 있다는 뜻이기도 하다.

12. 하늘의 이치를 '천도(天道)'라 하고 인간의 도리를 '인도(人道)'라 한다면, 인도와 천도를 결부시켜 하나가 되어야 한다고 주장하는 이론가의 기본적 시각은 '상사(象辭)'에서 더욱 극명하게 드러난다. 특히, '괘상(卦象)을 보고 군자(君子)는 의당 ~해야 한다'라고 주장하는, '대상사(大象辭)'가 그 명백한 증거라고 생각한다. 따라서 64괘 하나하나의 의미 64가지와 괘상(卦象)을 통해서 군자에게 요구한 실천 덕목 64가지의 의미를 이해해도 주역 세계의 절반을 이해하며, 그 나름의 의의(意義)가 있다고 본다.

13. 64괘 하나하나는 인간의 바람이나 의지와 상관없이 구

축되는, 천지(天地)의 음양(陰陽)이 작용하여 만들어 주는 자연적, 시대적 상황으로 여섯 단계(段階)로 그 양태가 변하고, 종료된다. 그래서 현재 내게 어떤 괘의 상황이 드리워져 있다면 그 괘 안에서 고정된 여섯 단계를 거쳐 종료됨을 알기에 미리 대처할 수도 있다. 바로 이런 기능 때문에 주역의 괘명과 괘사와 효사를 통해서 '점(占)'을 쳐왔다.

14. 괘를 짓는 방법은 오로지 「계사전(繫辭傳)」 상(上) 제9장에서만 언급되는데 그 절차가 복잡하고, 그 설명이 불완전하지만 '괘(卦) 짓는 방법'을 이해하기 쉽게 이미 정리해 놓았다. 필자의 편저 『계사전 우리말 번역 & 핵심내용 집중탐구』 pp. 185~188을 참조하기 바란다. 그동안 사람들은 여러 가지 편법(便法)을 써서 괘를 짓고, 해당 괘의 괘사(卦辭)와 육효사(六爻辭)를 통해서 현재 상황과 다가오는 일들을 예단하고 나름대로 대비해 왔다. 물론, 오늘날도 이 점사(占事)를 목적으로 주역(周易)을 공부하는 이들도 없지 않다.

15. 괘(卦)가 천지(天地) 음양(陰陽)의 작용으로 인간에게 드리워지는 자연적 시대적 상황이라면, 육효(六爻)는 그 상황 안에서 시차(時差)를 두고 단계적으로 벌어지는, 다시 말해, 음양이 변화하는 양태(樣態)라고 할 수 있다.

16. 괘(卦) 안에서 변화하는 음양의 양태를 설명한 것이 효사(爻辭)인데 그것은 모두 의인법(擬人法)이라는 수사(修辭)를 사용했기에 효(爻) 하나하나가 사람으로 비추어진다. 더욱이 당대 보편적인 생활 습속(習俗)과 관련된 일상사의 정황으로써 빗대어 설명했기에 다종다양한 인간사를 대입시켜 그 해석이 가능해진다. 모든 종교의 경전 문장이 문학적 수사로 표현되었기에 다중의 해석이 가능해진 것처럼 주역의 육효사도 마찬가지이다.

17. 효사(爻辭)에 동원된 생활 습속으로는 제사(祭祀), 사냥, 섭대천(涉大川:위험과 모험이 수반되는 국가적 대사), 견대인(見大人:對人關係, 人事), 혼구(婚媾=婚姻), 우물 사용 및 관리, 정벌(征伐), 언행(言行), 진퇴(進退:나아감과 물러남), 형벌(刑罰), 소비와 절약, 각종 도구(道具:배, 활, 수레, 솥, 제기 등) 활용, 음주(飮酒) 등을 들 수 있다. 물론, 이들 외에도 특정 동물의 생태도 활용된다.

18. '64가지 시대적 상황과 384가지 양태 변화가 과연 인간사를 다 설명할 수 있을까?'라고 의심해 볼 수는 있다. 인간이 살아가면서 직면하게 되는 경우 수는 훨씬 더 많을 수 있으나 주역의 말씀이, 다시 말해, 괘명·괘사·효사가 함축적

이고 비유적인 표현이 많기에 어떻게든 연계시켜 말할 수는 있을 것이다. 그러나 완벽할 수는 없다. 그저 아는 만큼 활용할 수 있을 따름이다.

19. 이미 주어진, 낡은 효사(爻辭)에 전적으로 의지하지 않고, 음양 부호로써 도식된 괘상(卦象)을 보고서 나름대로 새롭게, 혹은 변화된 상황에 맞게 해석하고자 한다면 괘상(卦象) 읽는 방법을 터득해야 한다. 그 방법을 설명해 보이겠는데 한계는 있다. 한계가 있다는 것은 완벽하지 못하다는 뜻이다. 이것은 어디까지나 기존의 효사를 읽으면서 주로 거론되었던 점들을 정리한 결과이기 때문이다.

①각 효(爻)가 정위(正位)인지 부정위(不正位)인지 확인한다. 초효(初爻), 삼효(三爻), 오효(五爻) 자리에 양(陽)이 오고, 이효(二爻), 사효(四爻), 상효(上爻) 자리에 음(陰)이 오는 것을 '정위(正位)'라고 하고, 그렇지 않은 경우를 '부정위(不正位)'라고 한다. 한마디로 말해, 양(陽)의 자리에 양효(陽爻)가 오고, 음(陰)의 자리에 음효(陰爻)가 오는 것을 '정위(正位)'라고 한다.

②짝이 되는 효(爻)들이 호응(呼應)하는지 못하는지를 확인한다. 짝이 음양(陰陽)으로 이루어지면 호응하는 '응효(應爻)'라고 하고,

그렇지 않은 경우를 호응하지 못하는 '비응효(非應爻)'라고 한다. 짝이란 지(地)을 상징하는 초효-사효, 사람[인]을 상징하는 이효-오효, 하늘을 상징하는 삼효-상효를 각각 '짝'이라 한다.

③중도(中道)를 얻은 이효(二爻)와 오효(五爻)가 양(陽)인지 음(陰)인지 확인한다. 양(陽)이면 '강중(剛中)'이라 하고, 음(陰)이면 '유중(柔中)'이라 한다. 오효가 강(剛)이고 이효가 유(柔)이면 이상적이다. 만약, 오효가 음이면 삼효(三爻)가 양이면 좋다.

④육효(六爻) 가운데 가장 중요하고 큰일을 하는 주인공과 같은 효(爻)를 분별한다. 물론, 오효가 제일 많고, 그다음이 이효이다. 이들 외에 삼효, 사효, 상효, 초효도 드물게 주인공이 되기도 한다.

⑤육효의 전체적인 모습을 통시적으로 살핀다. 음효(陰爻)와 양효(陽爻)의 세력(勢力)이나 그 위치를 보고서 고립(孤立), 제지(制止), 밀어내는[相推] 관계 등을 판단하고, 인내하면서 세를 점차 키우는지, 아니면 쫓겨나는지를 앞으로 다가올 괘(卦)를 염두에 두고 판단한다. 주로, 12피괘설(辟卦說)과 관련된 괘에서 이런 설명이 있다. 예컨대, 복괘(復卦)에서 하나뿐인 초효의 양효(陽爻)를 두고 강(剛)이 돌아왔다고 했다. 임괘(臨卦)에서는 오래가지 않아서 양(陽)이 소멸할 것을 걱정하기도 한다. 그런가 하면, 태괘(泰卦)에서는 군자의

도(陽)가 자라나고 소인의 도(陰)가 소멸한다고 예단하듯이, 비괘(否卦)에서는 반대로 소인의 도는 자라나고 군자의 도가 소멸한다고 했다. 앞으로 시간이 가면 어떤 괘가 오리라는 것을 전제로 괘상(卦象)을 설명했다는 뜻이다.

⑥초효(初爻)와 상효(上爻)만 양(陽)이고 나머지가 음효인 산뢰이괘(山雷頤卦)와 그 반대인 택풍대과괘(澤風大過卦) 또는 삼효와 사효만 양이고 나머지가 음인 뇌산소과괘(雷山小過卦)와 그 반대인 풍택중부괘(風澤中孚卦) 단사(彖辭)에서 확인할 수 있는 것처럼 같은 원칙으로 괘상(卦象)을 설명하지 않는다는 사실을 유념할 필요가 있다. 이게 무슨 말인가? 택풍대과괘에서는 큰 것 곧 양효가 지나치게 많다고 했는데 이와 반대인 산뢰이괘에서는 음효가 많다는 언급이 없다는 뜻이다. 그렇듯, 뇌산소과괘에서는 작은 것이 넘친다고 했으나 이와 반대인 풍택중부괘에서는 큰 것이 넘친다는 말을 하지 않았다는 점이다. 그러니까, 괘상(卦象)을 같은 원리로써 설명하는 게 아니라 먼저 괘에 부여된 의미 곧 괘명이나 괘사를 의식하고서 관련된 내용으로 괘상(卦象)을 설명한다는 뜻이다.

⑦고정된 원칙이 있어서 모든 괘상(卦象)을 읽는데 적용된다면 얼마나 좋겠는가. 위 ④, ⑤, ⑥에서 보듯이 그렇지 않은 면이 적지 않다. 중도, 정위, 호응, 이웃하는 효와 친비(親比) 관계 등을 따지는

원칙이 있어 보이지만 모든 괘에서 꼭 적용되는 것이 아니다. 주역이 어렵다고 인식되는 이유 중 하나이다.

20. 주역 공부가 어렵다는 이유는 본질적 이유와 형식적 이유가 함께 있다. '본질적 이유'라고 함은 주역에서 주장하는 '내용상의 모순'이나 반드시 설명되어야 하나 설명되지 않고 '일방적으로 주장되는 내용'으로 이해되지 않음이다. 그리고 '형식적 이유'라고 함은 문장 자체가 고대 중국인의 문자로써 기록된 것이기에 한자(漢字)의 음훈(音訓)을 많이 알아야 하고, 함축적이고 비유적인 수사에 간결한 문체상의 특징을 이해해야 하는 문제가 있음이다.

21. 본질적 이유에 해당하는 모순이나 일방적 주장에 해당하는 것으로 무엇이 있는가?

①태극(太極)이 양의(兩儀)를 낳고, 양의가 사상(四象)을 낳으며, 사상이 팔괘(八卦)를 낳고, 팔괘가 육십사 괘를 낳았다는 주역의 명제(命題)이다. 사상이 팔괘를 낳은 게 아니라 양의가 삼재(三才)에 작용할 때 양이 변하고 음이 화하여 각각 세 개의 괘를 낳아 팔괘가 생성(生成)된다.

②육십사 괘(卦) 삼백팔십사 효(爻)에 부여한 괘사(卦辭)와 효사(爻辭)는 이미 주어진 것으로 의심의 여지 없이 합당(合當)하다는 대전제 아래 '단사(彖辭)'와 '상사(象辭)'가 집필되었다는 점이다.

③각 괘(卦) 안에서 작용하는, 다시 말해 움직이어 변화하는 육효(六爻)는 결국 음(陰)과 양(陽)의 관계(關係)이며, 그 내용을 설명한 것이 육효사(六爻辭)인데 여기에 일정한 원칙이 적용되어야 하는데 그렇지 않은 면도 적지 않다는 점이다.

④음과 양의 관계는 조화 균형일 수도 있고, 대립 충돌일 수도 있으며, 상황에 따라 바뀐다는 점이다. 강건(剛健)한 양이 뜻을 내고 유순(柔順)한 음이 시행하는, 건곤(乾坤)의 협력으로 만물을 생성한다고 했는데, 어떤 경우에는 두 세력 간 억제 제지 퇴출 등 대립으로 양자 관계를 설명하기도 한다.

⑤음양(陰陽) 부호(符號)로 도식(圖式)된 육효(六爻)에 인성(人性)과 능력(能力)과 신분(身分) 등이 부여되어 '사람'으로 둔갑하며(여기며), 그 사람들이 처한 상황을 당대 습속과 관련된 일들이 벌어지는 정황으로 빗대어진다. 예컨대, 제사 사냥 섭대천 견대인 가족관계 혼인 정벌 음주 등을 들 수 있다.

⑥팔괘(八卦)의 성품, 덕성, 작용(기능)에 부여된 수(數), 방위(方位), 별자리, 천간(天干) 지지(地支) 등이 과연 합당한가? 그리고 천수(天數) 지수(地數) 천지수(天地數) 대연지수(大衍之數) 만물지수(萬物之數) 등 적지 아니한 수 관련 개념들이 상징체계를 구축하는 요소들이라는 점이다.

⑦설괘전(說卦傳)에서 팔괘를 가족 구성원으로 빗대어 놓은 내용으로 양괘(陽卦)인지 음괘(陰卦)인지를 분별하는데, 팔괘가 생성된 원리를 전제한다면 그 결과가 바뀌게 된다. 그리고 설괘전에 따르면 건(乾)이 말(馬)이고 곤(坤)이 소(牛)로 설명하는데 이는 실재하는 괘효사(卦爻辭)와 다르다. 해당 괘효사에 따르면 건(乾)은 용(龍)이고, 곤(坤)은 빈마(牝馬)이다.

⑧주역의 키워드들, 태극(太極) – 양의(兩儀) – 사상(四象) – 팔괘(八卦) – 64괘(卦), 도(道) – 중도(中道) – 천도(天道=乾道) – 지도(地道=坤道), 사상(四象) – 방위(方位) – 색(色) – 수(數) – 별자리[星座] 등의 연계(連繫), 천수(天數=奇數) – 지수(地數=偶數) – 천지지수(天地之數) – 대연지수(大衍之數) – 건책(乾策) – 곤책(坤策) – 만물지수(萬物之數) – 만물생존지수(萬物生存之數) – 오행지수(五行之數) – 천간교합지수(天干交合之數) – 육갑납음지수(六甲納音之數), 군자(君子) – 소인(小人) – 하늘 – 땅 등 일체가 관념(觀念)

으로 역(易)의 외연(外延)이 확대되고 내포(內包)가 정밀해지면서 거대한 상징체계로 굳어졌다. 우리가 역(易)을 공부한다는 것은 거대한 상징체계로써 구축된 궁전 안으로 들어감이며, 그것의 건축자재, 짜임새, 모양새, 기능 등을 살피며, 안주할 수 있는 곳인지를 탐색하는 과정이라는 생각이 든다.

22. 상징(象徵)이란 형태(形態)가 없어서 말로 표현하기 어려운 대상(對象)을 구체적인 형상물로 빗대어 표현하는 일을 말한다. 그 대상에는 관념(觀念)과 개념(槪念) 등이 포함된다. 예컨대, '사랑'을 심장 모양의 부호로 표현한다거나 유익한 새끼를 낳는 암컷의 생산적인 기능을 총체적으로 '암소'나 '암말'로써 드러내는 것도 상징이다. '주역(周易)이 거대한 상징체계로써 구축된 궁전'이라고 했는데 쉽게 이해하지 못할 수도 있겠다는 생각이 들어 지금 가능한 범위 내에서 실감 나게 설명하고자 한다.

'만물(萬物)이 생기기 전에 태극(太極)이 먼저 있었고, 그 태극이 움직이어 양(陽)과 음(陰)을 낳고, 그 양과 음이 움직이어 사상(四象)을 낳고, 사상이 움직이어 팔괘(八卦)를 낳고, 팔괘가 육십사 괘를 낳았다.' 이 말은 주역에서 제일 먼저 전제되는 명제(命題) 같은 주장이다. 여기서 '태극'은 하나의 관념이다. 그 관념이 구체성을 띠면서 개념으로 변한다. 태극이라는 개념을 설명하는데 동원되는 말들 가운데 둥그런 원 모양 안에 양과 음이 그려진 형상(形象)은 상징이다. 따라서 이 형상을 설명하는 일체의 말들도 상징이다. '양'과 '음'도 마찬가지이다. 양과 음을 설명하면서 이해하기 쉽게 부호(符號)로써 도식(圖式)한 형상도 상징이다. 마찬가지로 '사상'을 태양(太陽), 소양(少陽), 태음(太陰), 소음(少陰)이라 부르며 그것을 부호로써 도식했는데 이 또한 상징이다. 팔괘도 마찬가지이고, 육십사 괘도 마찬가지이다. 팔괘의 이름부터 그 성품, 그 덕성을 비롯하여 그것을 설명하는 온갖 비유어들이 다 상징이다. 심지어 팔괘에 부여하는 방위(方位), 수(數), 수(數)에 부여한 의미, 별자리[星座] 등 일체가 다 상징에 불과하다. 주역은 이런 상징으로 가득하다. 그 상징 하나하나가 건축자재가 되어서 커다란 집을 지었다는 뜻이다. 그 집의 얼개 곧 구조가 '상징체계'인 셈이다. 그래서 그 상징 하나하나의 의미를 모른다면 집의 짜임새나 그 구조에서 나오는 기능은 물론이고 그 집을 활용할 수도 없다. 그런데 그 집이 워낙 크고 복잡해서 구경하는데 시간이 꽤 많이 걸린다. 그래서 중도에 포기해 버리고 나가는 것이다.

23. 어렵다는 주역에 흥미로운 점도 적지 않다. 그 흥미로

운 점의 핵심은 역시 적극적으로 생각하게 하고 상상하게 하여 사유의 영역을 확대해 준다는 점이다. 물론, 여기에 결정적으로 도움을 주는 게 있다면 그것은 ①문학적 수사(修辭)와 ②인간 삶의 양태(樣態)이다. 예컨대, 연못에 물이 가득 차있으면 필요에 따라서 적절히 통제해야 한다. 이것이 수택절괘(水澤節卦)의 가르침이다. 반대로, 연못의 물이 다 새어나가면 바닥을 드러내어 아주 궁색해지고 피곤하게 된다. 이것이 택수곤괘(澤水困卦)의 의미이다. 64개 괘 모두가 이런 식으로 저마다의 의미를 지니며 많은 것을 생각게 한다. 이뿐만 아니라, 우리의 단단한 고정관념을 깨부수기도 한다. 예를 들어보자. 우리는 물[水]과 불[火]을 상극(相剋)으로 여긴다. 불을 끄려면 물이 필요하고, 물에 젖어있으면 불에 잘 타지 않기 때문이다. 그래서 서로 적대적인 관계로만 인식한다. 그런데 주역에서는 이와 정반대이다. 물과 불이 서로 미워하지 않고 싫어하지 않는다. 이것을 한자로 '不相射(불상역)'이라고 한다. 불이 물 밑에서 타오르면 물을 쉽게 끓일 수 있어 원하는 바를 이룬다. 그래서 모든 것을 이미 다 이룬 수화기제괘(水火旣濟卦)가 된다. 만약, 물 위에 불이 있으면 물을 쉽게 끓일 수가 없다. 그래서 아직 이루지 못한 화수미제괘(火水未濟卦)가 된다. 그렇듯, 하늘이 위에 있고 땅이 아래에 있으면 하늘과 땅이 막혀있는 천지비괘(天地否卦)가 되지만 이와 반대로 하늘이 아래로 내려와 있고 땅이 위로 올라가 있으면 서로 교류와 소통이 이루어지는 지천태괘(地天泰卦)가 된다. 주역에서는 강건(剛健)한 양(陽)이 겸손하게 밑으로 내려오고 유순(柔順)한 음(陰)이 위로 떠받들어져 올라감을 매우 좋아한다. 남녀(男女) 사이도 이와 같다고 여긴다. 음괘(陰卦)인 연못[澤]이 위로 가고 양괘(陽卦)인 산(山)이 아래로 가면 말 그대로 택산함괘(澤山咸卦)가 되어 남과 여가 서로 소통하며 교감하니 천지가 만물을 낳는 이치와 같다고 여기는 것이 주역이다. 그리고 주역에 나오는 현실적인 인간 삶의 양태들이 문학적 소재가 될 수 있고, 그 '리얼리티'가 우리 자신을 돌아다보게 한다. 이에 관해서는 최소한 5건 이상의 글[1]을 이미 썼기에 여기서는 설명을 피한다.

24. 주역을 무시해서는 안 되는 이유도 있다. 우리가 무심코 쓰는 말 가운데 변화(變化), 사업(事業), 생성(生成), 등구설(滕口說), 울창주(鬱鬯酒) 등 많은 말들이 있는데 사실, 이들이 다 공자(孔子) 이전부터 쓰였으되 현재의 우리보다 더 적확하게 썼다는 사실이다. 그들은 양(陽)이 변하여 음(陰)이 되는 것을 '변(變)'이라고 했고, 음(陰)이 변하여 양(陽)이 되는

---

1) 「취녀(取女)와 허수인(虛受人)」, 「주역(周易)은 문학(文學)의 원조(元祖) 격이다」, 「문학의 낡은 창고(倉庫) 같은 주역을 읽으며」, 「주역(周易)을 읽고 난 뒤에 정리된 생각 열 가지」 외

'화(化)'라고 했다. 그래서 '변화(變化)'라는 단어가 생겼다. 그렇듯, 양이 변하여 음이 생기는 것을 '생(生)'이라 하고, 음이 변하여 양이 생기는 것을 '성(成)'이라고 하여 이들을 구분해 썼다. 그래서 '생성(生成)'이라는 단어가 나왔다. 그렇듯, 하늘이 뜻을 내어 일하는 것을 '사(事)'라고 하고, 땅이 하늘의 뜻을 본받아 일하는 것을 '업(業)'이라고 하여 이들을 구분해 썼다. 이렇게 해서 '사업(事業)'이라는 단어가 생겼다. 이 얼마나 철학적 사유가 깊었는가. 기원전 시대에. 물이 솟듯 입으로 변명이나 늘어놓는, 그러니까, 그저 입으로만 장황하게 떠들어대듯 말하는 것을 '등구설(滕口說)'이라 하는데 이 말은 우리 선대(先代)가 문장에서 즐겨 쓰지 않았기 때문에 현재 우리 사전에도 등재되지 않은 말이 되었으나 그 의미를 해당 괘(卦)와 관련해서 음미하노라면 퍽 재미있고 유익한 말이다. 오늘날 '울금주'의 원조 격인 '울창주(鬱鬯酒)'도 마찬가지이다. 이들 외에도 주역에 나오는 수많은 용어가 우리말로 그대로 수용되었다는 사실을 자각하면 비록, 오래된, 낡은 창고에 갇혀 있는 주역이라고 해서 결코 무시할 수 없으리라 믿는다. 과거 그들이 앵무새를 길들였다면 우리가 앵무새가 아니었는지 생각해 볼 일이다.

-2021. 08. 25.

02

주역의 효사(爻辭) 상사(象辭)를
읽기 전에 짚고 넘어갈 문제

1) 사상(四象)이 아니라 건곤(乾坤)의 변화 생성 기능이
팔괘를 낳는다

태초에 태극(太極)이 있었으니 그 태극이 움직이어 양(陽)과 음(陰)을 내어놓고, 양이 하늘 사람 땅 삼재(三才)에 두루 미치니 그 상태를 '건(乾)'이라 하여 양효(陽爻) 셋으로 도식(圖式)하였고(☰), 음이 하늘 사람 땅 삼재에 두루 미치니 그 상태를 '곤(坤)'이라 하여 효(陰爻) 셋으로 도식하고(☷), 각각 천인지를 상징하였다.

강건(剛健)한 건(乾)이 위로 올라가 자리하고, 유순(柔順)한 곤(坤)이 아래로 내려가 자리하니 이를 '정위(正位)'라 부르며, 바르게 자리를 차지한 건곤(乾坤)이 서로 작용하여, 다시 말하자면 영향을 미치어 서로 변(變)하고 화(化)했다.

양효 셋으로 도식된 건(乾)이 곤(坤)의 영향을 받아서 위에서부터 아래로 한 차례씩 양효(陽爻)가 음효(陰爻)로 바뀌어 태(兌), 리(离), 손(巽)이 되고, 곤(坤)이 건(乾)의 영향을 받아서 위에서부터 아래로 한 차례씩 음효(陰爻)가 양효(陽爻)로 바뀌어 간(艮), 감(坎), 진(震)이 된다. 양이 음으로 바뀌는 것을 '변(變)'이라 하고, 음이 양으로 바뀌는 것을 '화(化)'라고 하여 '변화(變化)'라는 말이 생기었고, 변하여 생기는 것을 '생(生)'이라 하고, 화하여 생기는 것을 '성(成)'이라고 하여 '생성(生成)'이라는 말까지 나왔다. 그래서 양과 음이 서로 작용하는 것이 곧 '변화'이고, 양과 음이 변화하여 무언가를 만들어내는 것이 '생성'이라는 뜻이다.

건곤(乾坤)의 이런 변화와 생성을 통해서 '태(兌), 리(离), 손(巽), 간(艮), 감(坎), 진(震)'이라는 이름으로 불리는 여섯 가지 독립된 자질을 갖는, 변화 생성의 주체를 갖게 됨으로써 비로소 팔괘(八卦)가 성립되었고, 동시에 이 팔괘가 서로 조합을 이루어서 64개 괘가 나타나는 것이다.

건곤이 변화하여 팔괘가 성립되는 과정을 도식하면 아래와 같다.

太極	▬ 陽	天 人 地 (두루미침)	▬▬ ▬▬ ▬▬	変 → 生	兌	离	巽	乾의 陽이 변하여 태, 리, 손이 생김
	▬▬ 陰	天 人 地 (두루미침)	▬▬ ▬▬ ▬▬	化 → 成	艮	坎	震	坤의 陰이 화하여 간, 감, 진이 생김
	雨儀 ‖ 陽陰	三才	乾坤 成立	変化 生成	*兌·离·巽이 乾에서 나왔으므로 무조건 양괘이고, 艮·坎·震이 坤에서 나왔으므로 무조건 음괘라고 판단함.			

이시환 ⓒ 2021.08.28

2) 사상(四象)이 팔괘를 낳았다는 주역의 주장에 관하여

태극에서 하나의 양(陽)과 하나의 음(陰)이 나와 이를 '양의 (兩儀)'라고 하고, 이 양과 음은 그 세력의 크고 작음에 따라서 태양(太陽), 소양(少陽), 소음(少陰), 태음(太陰)으로 나뉘고, 이것을 음양 부호(▬, ▬▬, ▬▬, ▬▬)로 각각 도식하였다.

양효(陽爻)가 둘이면 태양(太陽)이고, 음효(陰爻)가 둘이면 태음(太陰)이며, 양효와 음효 하나씩으로 이루어지면 소양(少陽)과 소음(少陰)인데 이 둘의 구분은 위가 음이면 소양이고,

위가 양이면 소음이다. 양과 음의 자리 곧 그 위치에 따라서 소양이 되기도 하고 소음이 되기도 한다는 뜻이다. 괘상(卦象)에서 판단의 기준은 언제나 아래의 것이 기준이 된다. 아래 효가 양이면 양에서 나왔다는 것이고, 아래 효가 음이면 음에서 나왔다는 뜻이다.

이렇게 해서 나온 사상(四象)이 어떻게 팔괘(八卦)가 되는가? 태양(太陽), 소양(少陽), 소음(少陰), 태음(太陰)에 각각 한 차례씩 양이 먼저 올라가고, 그다음 음이 올라가서 건(乾), 태(兌), 리(离), 진(震)이 생(生)하고, 손(巽), 간(艮), 감(坎), 곤(坤)이 성(成)한다.

이 과정을 이해하기 쉽게 도식하면 아래 [주역에서 말하는, 태극에서 팔괘가 나오는 과정]이라는 도표와 같다. 문제는 팔괘의 삼 획이 돌연 천인지 삼재(三才)를 상징한다고 말하는 것이다.

그리고 또 하나의 문제가 있다. 그것은 양(陽)에서 나온 건·태·리·진은 무조건 양괘가 되어야 하고, 음(陰)에서 나온 손·감·간·곤은 무조건 음괘이어야 하는데 「설괘전」에 의하면 그렇지 않다는 사실이다. 그에 의하면, 건·진·감·간이 양괘이

고, 곤·손·리·태가 음괘이다. 이 모순을 어떻게 설명할 것인
가.

[주역에서 말하는, 태극에서 팔괘가 나오는 과정]

太極	兩儀	四象	八卦	
☯ 太極	陽	太陽	乾	태양 위로 양효 하나가 올라옴.
			兌	태양 위로 음효 하나가 올라옴.
		小陽	离	소양 위로 양효 하나가 올라옴.
			震	소양 위로 음효 하나가 올라옴.
	陰	小陰	巽	소음 위로 양효 하나가 올라옴.
			坎	소음 위로 음효 하나가 올라옴.
		太陰	艮	태음 위로 양효 하나가 올라옴.
			坤	태음 위로 음효 하나가 올라옴.
兩儀		四象	八卦	※ '팔괘의 삼획(삼효)이 천·인·지를 상징한다'는 말을 이해하기 어려움.

이시환 ⓒ 2021.08.28

3) 사상(四象)이란 무엇인가?

주역(周易)에서는 태극(太極)이 양의(兩儀) 곧 양(陽)과 음
(陰)을 낳고 이 양의가 사상(四象)을 낳았다고 하는데 이때 사
상(四象)이란 양과 음의 세기 곧 그 세력(勢力)의 크기에 따라

단순히 태양(太陽) 소양(少陽) 소음(少陰) 태음(太陰)을 말하는 것이고, 이들을 음양(陰陽) 부호(符號)로써 도식(圖式)했는데 양효(陽爻)가 둘이면 태양(太陽)이고, 음효(陰爻)가 둘이면 태음(太陰)이며, 양효 하나와 음효 하나로 이루어지면 소양(少陽)과 소음(少陰)인데 이 둘의 구분은 아래에 있는 효가 양이면 소양이고, 아래에 있는 효가 음이면 소음이 된다. 음양의 세력은 똑같으나 그 위치에 의해서 달라짐을 알 수 있다.

따라서 사상(四象)이란 양과 음의 세기 곧 그 세력의 크고 작음[太少]에 의해서 양(陽)이 큰 양과 작은 양으로, 음(陰) 역시 큰 음과 작은 음으로 나누어진 것뿐이다. 쉽게 말해, 양과 음의 정도에 따른 양태(樣態) 구분일 따름이다.

4) 육효(六爻)란 무엇인가?

육효는 음양 부호 여섯 개의 조합인데 그중 위 세 개의 효는 상괘(上卦)의 것으로 천인지(天人地)를 상징하는 것이고, 아래 세 개의 효는 하괘(下卦)의 것으로 역시 천인지를 상징하는 것이다. 이때 상, 하괘는 팔괘(八卦) 중 하나이다. 이처럼 삼효(三爻) 단괘(單卦)로 된 팔괘 중 둘이 한 조가 되어서 위아래로 결합하여 된 육효(六爻) 중괘(重卦)는 모두 64개로 저마다 다른 성품을 갖는데 그들의 육효란 무엇인가?

팔괘 중 두 개 괘가 상, 하괘로 결합하여 전혀 다른 세계, 전혀 다른 의미가 생성되듯이, 새롭게 생성된 세계의 변화 과정을 드러내는 '단계(段階)'이고, 동시에 '때[時]'이며, 동시에 '사람[人]'이기도 하다. 이때 사람은 성품(性品)과 능력(能力)과 역할(役割)이 다르다. 인간사가 그렇듯 여기에서도 여섯 명의 사람들 사이의 '관계(關係)'에 의해서 그 역할과 능력과 성품 등이 결정된다. 바로 이것을 확인하기 위해서 각 효 자리[位] 합당성, 짝과의 호응 여부, 이웃과의 친비(親比) 협력 관계 성립 여부, 중도(中道)의 성품, 육효 전체 구도 속에서 음과 양의 세력 확장 내지는 위축 등의 변화·추이를 따진다.

따라서 육효는 형식적으로는 위로부터 아래로 천인지 또 천인지에 미치는 음과 양을 도식한 음양 부호 조합이고, 내용 면에서는 팔괘가 위아래로 결합하여 구축되는 새로운 세계의 상황 변화를 드러내는 단계이며, 때이며, 인간사로 빗대어진, 사람에게 나타나는 상황 변화의 양태이다.

-2021. 08. 30.

03

주역에서의 '불'의 세계

주역에서 불을 '火'라 하고, 이 火의 성품이 작용하여 천인지 삼재(三才)에 두루 영향을 미치는 기운에 존재감을 부여하여 그 주체를 '離'라고 부른다. 음양 부호로는 소양(少陽 ☳)위로 양효 하나가 올라와 있는 모습이다(☲).

그런데 이 불이 하늘 위에 있을 수 있고, 하늘 밑에 있을 수도 있다. 전자를 '화천대유(火天大有)'라고 하고, 후자를 '천화동인(天火同人)'이라고 한다. 하지만 불은 하늘뿐만이 아니고, 산(山)과 물(水)과 연못(澤)과 바람(風)과 땅(地)과 우레(雷)등 그 위아래에 있을 수 있고, 또한 불이 불 위아래에도 머물수 있다.

그런데 그 불이 어디에 자리를 잡느냐에 따라서 그 모양새(卦)가 달라지고, 그 뜻이 또한 크게 달라져 버린다. 예컨대,불이 물 아래에 있으면 수화기제괘(水火旣濟卦)가 되어 모든 것을 다 이루고, 물길을 다 건넌 세상이 되지만, 반대로 그 불이 물 위로 올라가 있으면 화수미제괘(火水未濟卦)가 되어서 아직 물길을 건너지 못한, 다 이루지 못한 미완성의 세상이 되고 만다.

또한, 불이 연못 아래로 내려가 있으면 연못의 물을 통째로 펄펄 끓여서 그 형질을 온전히 바꾸어 놓기에 택화혁괘(澤火革卦)가 되어 모든 것을 고치어 바꾸어 놓는 혁명의 세상이 되는데, 그 반대로 불이 연못 위로 올라가 있으면 연못 안의 물이 바뀌지 않는, 이미 어긋나있는 화택규괘(火澤규卦)가 되어버린다.

그렇듯, 불이 산 아래로 내려가 있으면 화산려괘(火山旅卦)가 되어 유랑하는 나그네 신세가 되지만, 불이 산 위로 올라가 있으면 산화비괘(山火賁卦)가 되어 대상을 꾸미고 장식하여 비로소 아름답게 한다. 그렇듯, 불이 땅 위로 올라오면 화지진괘(火地晉卦)가 되어 밝은 불빛을 따라서 순종하듯 나아가고, 불이 땅속으로 숨어버리면 지화명이괘(地火明夷卦)가 되어 자신의 밝음 곧 지혜나 능력을 숨기고 굴욕을 감내해야(무릅써야) 한다.

이런 식으로 불이 ①어떤 상대를 만나느냐와 ②같은 상대를 만나더라도 불이 놓이는 자리에 따라서 그 의미가 완전히 달라져 버리는데 여기에는 불과 상대가 천성적으로 갖는 성정(性情), 성품(性品), 능력(能力) 등이 결정한다. 이것을 한마디로 말해서 '덕성(德性)'이라고 한다.

주역에서의 불은 통상적으로 우리가 생각하는 불이 아니다. 「설괘전(說卦傳)」에 의하면, 태양처럼 밝고(明), 훤하며(烜), 빛나는(麗), 아름다운 존재이다. 그래서 사람의 '눈(目)'으로 빗대어지고, 동물 가운데에서는 '꿩(雉)'으로 빗대어진다. 이런 연유로 불은 곧잘 태양(日), 진리, 지혜 등으로도 그 함의가 확대된다. 이뿐만 아니라, 우리는 불과 물을 상극(相剋)이라고 여기지만 역(易)에서는 서로 미워하지 않고 서로 싫어하지 않는 관계로 본다. 이것을 한자어로는 '不相射(불상역)'이라고 한다. '射(사)'는 쏠 사, 벼슬 이름 야, 맞힐 석 등으로 읽히지만 싫어할 역으로도 읽힌다. 그래서 쏘다, 비추다, 추구하다, 헤아리다, 사수, 사궁, 벼슬 이름, 맞히다, 쏘아 잡다, 싫어하다 등의 뜻이 있다.

이처럼, 우리가 '리(离)'라고 부르는 卦(괘)에는 火(화:불, 불꽃), 日(일:태양), 電(전:전기), 甲胄(갑주:갑옷과 투구), 戈兵

(과병:창을 들고 싸우는 병사), 人大腹(인대복:사람의 큰 배), 鼈(별:꿩, 자라), 蟹(해: 게), 蠃(라:벌, 소라), 蚌(방: 조개), 龜(귀:거북), 木科上槁(목과상고:나무 속이 비어서 위가 시들어 죽은 나무) 등의 상(象)이 부여되었다(설괘전 11장). 그리하여, 리(离)는 곧 불이고, 밝음이며, 태양이며, 지혜이며, 사람으로 치자면 중심인물로 여겨진다.

-2021. 09. 21.

04

천화동인(天火同人)과 화천대유(火天大有)

요즈음, 각 당(黨)의 대통령 후보 선출 과정에서 드러난 '화천대유(火天大有)'라는 이름을 가진 회사(會社)와 그 자회사인 '천화동인(天火同人)'이라는 이름을 가진 회사가 있는데 정치적 사회적 관심과 공분(公憤)을 불러일으키고 있다. 그 핵심이유인즉 화천대유가 설립자본금 5천만 원을 가지고서 3년 동안에 577억 원을 벌어들였다는 '국민의 힘' 송석준 의원의 주장이다. 이로써 의혹 제기와 반론의 공방이 연일 계속되고 있는, 2021년 추석 전후에 적지 아니한 지인이 제게 전화 또는 문자로 그 천화동인, 화천대유가 주역(周易)에서 어떤 의미가 있느냐고 물어오기에 첫 번째로 답변한 것이 「화천대유괘(火天大有卦)의 본질」이라는 글이고, 두 번째로 그 요점만을 재정리한 것이 바로 「천화동인(天火同人)과 화천대유(火天大有)」라는 이글이다.

질문의 답을 가장 쉽고 간단하게 말하면 이러하다. 곧, 주역에서 '천화동인'이란 주역 64개의 괘 가운데 열세 번째 괘로 하늘 아래 불이 내걸린 형상이 동인(同人)이고, 이때 '동인'이란 하늘 아래에 있는 그 불빛을 보고서 뜻과 행동을 같이하겠다며 사방에서 몰려든 '사람'이다. 그리고 '화천대유'는 천화동인을 이은 열네 번째 괘로 하늘 아래가 아니라 하늘 위로 더 높이 내걸린 불이 있는 형상이 '대유(大有)'이고, 여기서 '대유'란 사람과 재물을 크게 가짐이다. '크게 갖는다'라는 것은 많이 소유함이다.

사람이 몰리면 마땅히 재물도 쌓이는 법! 그래서 '동인(同人)' 다음을 '대유(大有)'가 이어받았다. 이 두 괘의 괘상(卦象)과 괘사(卦辭) 단사(彖辭) 내용은 이 책의 p.p. 50~55를 참고하기 바란다.

-2021. 09. 19

05

화천대유괘(火天大有卦)의 본질

주역(周易)의 화천대유괘(火天大有卦)는 64개의 괘 가운데 열네 번째 괘(卦)로서 상괘(上卦)가 리(离=火)이고 하괘(下卦)가 건(乾=天)으로 이루어진, '많이 혹은 크게 소유한다'라는 뜻이 내포되어 있다.

어두운 밤 산 위에 불이 나면 저 밑에서 보기에는 매우 아름답기에 불구경이라도 나갈 수 있으나 하늘 위의 불꽃은 잘 보이지도 않지만, 순간적으로나마 눈 마주치는 것만으로도 정신이 번쩍 들 것이다. 그래서 산 위에 불꽃은 유랑하며 여행하는 나그네 신세가 되는 '화산려괘(火山旅卦)'가 되지만 하늘 위의 불은 사람과 재물을 크게 소유하는 '화천대유괘'가 된다.

그렇듯, 하늘 아래에 불이 머물면 천화동인괘(天火同人卦)가 되는데 하늘 아래이지만 그래도 높은 곳에서 불이 밝으니 그 불과 뜻과 행동을 같이하겠다며 몰려드는 사람들이 바로 동인(同人)이다. 그러니까, 불이 밝고 그 뜻이 좋으면 사람이 많이 모여들고, 사람이 모여들면 재물도 모이게 마련이다. 그러나 그 하늘 아래 불빛은 순간 반짝이는 것으로 족할 수도 있다. 그것이 태양이 아니고 폭죽 같은 불꽃이라면 사람이 하는 짓거리이기 때문이다.

요즈음 항간(巷間)에서 떠도는 '화천대유'라고 하는 회사가 엄청난, 상식 밖의 부(富)를 축적한 모양인데 그 배경과 방법을 두고 설(說:입증되지 아니한 주장)들이 난무하는데 세상이 온통 시끄러운 지경이다. 내 이런 세상에 할 일이 없어서 대략 삼천 년 전 책이나 파고 있으니 나도 한심하기 짝이 없는 놈이다.

남들이 뭐라 한들 개의치 않고 내친김에 그 주역(周易)에서 말하는 화천대유괘의 본질은 무엇인가를 잠시 생각해 보고자 한다. 난무하는 설이 아니라 오늘날까지 전해지는 문장 그대로에 담긴 사실(?)을 말하고자 한다. 그런데 그것을 이해하려면, 약 오천 년 전에 만들어진 괘상(卦象)을 읽을 줄 알아야 하고, 약 삼천 년 전에 붙여진 괘사(卦辭)와 효사(爻辭) 그리고 약 이천오백육십 년 전에 붙여진 단사(彖辭)와 상사(象

辭) 등을 해독해야만 한다.

그래서 현재 중국에서 널리 사용되고 있는 화천대유괘의 원문(?)을 그대로 옮겨 놓으면서 우리말로 바꾸어 보겠다.

大有 : 元亨.
(화천) 대유괘는 크게 형통하다.

《象》曰:火在天上, '大有';君子以遏恶扬善, 順天休命.
상이 말하기를, "하늘 위에 불이 있음이 크게 가짐이라. 군자는 이로써 하늘의 훌륭한 뜻(명)에 따라서 악함을 막고 선함을 드날리라." 했다.

《彖》曰:大有, 柔得尊位, 大中而上下应之, 曰大有. 其德刚健而文明, 应乎天而时行, 是以元亨.
단이 말하기를, "'많이(크게) 소유하는' (화천) 대유괘는 유(육오효)가 존귀한 자리와 위대한 중도를 얻어 위아래가 호응하니 이를 일러 '대유'라고 한다. 그 덕이 강건하고, 이치를 밝히니, 하늘이 때맞추어 호응함으로써 크게 형통하다."

初九, 无交害, 匪咎;艰则无咎.

초구, 어렵게 여겨서(신중함으로) 해로움과 사귐이 없음이니 허물이 되지 않는다.

《象》曰:大有初九 无交害也.

상이 말하기를, "대유괘의 초구는 해로움과 사귐이 없다."

九二, 大车以载, 有攸往, 无咎.

구이, 큰 수레로 싣고, 나아감이 있으며, 허물이 없다.

《象》曰:"大车以载", 积中不败也.

상이 말하기를, "'큰 수레에 싣는다.'라고 함은 그 가운데에 실어서 무너지지 않음이다."

九三, 公用亨于天子, 小人弗克.

구삼, 소인은 해낼 수 없으나, 공(제후)은 (재물이나 사람을) 사용하거나 동원해서 천자(황제)를 형통하게 한다.

《象》曰:"公用亨于天子", 小人害也.

상이 말하기를, "'천자를 위해서 공이 사람이나 재물을 쓴다'라고 함은 소인에게는 해가 된다."

九四, 匪其彭, 无咎.

구사, 많고 교만하지 않으면 허물이 되지 않는다.

《象》曰：“匪其彭, 无咎”, 明辨晳也.

상이 말하기를 “‘많고 교만하지 않음이 허물이 되지 않는다’라
고 함은 지혜롭고 슬기롭다는 뜻이다.”

六五, 厥孚交如, 威如, 吉.

육오, 그 믿음으로 사귀듯이 하고 위엄이 있어 보이면 좋다.

《象》曰：“厥孚交加”, 信以发志也;“威如之吉”, 易而无备也.

상이 말하기를, “‘그 믿음으로 사귀듯이 한다’라고 함은 신뢰로
써 뜻을 드러냄이고, ‘위엄이 있어 보임이 좋음’은 (위엄이 없으
면) 쉽게 여기고 대비하지 않기 (때문이다.)”

上九, 自天佑之, 吉无不利.

상구, 하늘로부터 도움이 있으니 불리함이 없어 길하다.

《象》曰：《大有》上吉, 自天佑也.

상이 말하기를, “‘크게 가짐’이 크게 길한 것은 하늘로부터 도움
이기 (때문이다). ”

우리말 번역은 필자가 한 것이다. 주역을 공부한 다른 분들과는 번역상의 차이가 좀 있는데 첫째, '上吉'에서 上을 보통 '上爻'라고 보는데 필자는 양과 질에서 정도를 뜻하는 上中下로 이해하였다. 그래서 上을 '大'로 읽었고, 上吉을 '大吉'로 읽어 '가장 크고, 가장 많이 좋다(길하다)'라는 의미로 받아들였다. 둘째, '厥孚交如, 威如'를 "진실한 믿음을 가지고 사람들과 더불어 사귀는 것이니, 위엄이 있으면 길하다(고은주)."라고 하거나 "믿음을 가지고 서로 교류하니 위엄이 있으면 길하다(심의용)."라고 번역했는데 믿음으로 교류하고 사귀는데 무슨 위엄이 필요한가. 그래서 나는 부드럽게 해석했다. 셋째, '彭'을 성(盛)하고 교만한 모양을 뜻하는 '방'으로 읽었다. 넷째, '明辨晢'을 '명변(明辯)·명석(明晳)'이라는 단어가 있듯이 '明辨+明晢'으로 해석하였다. 晢(절)과 晳(석)은 음이 다르나 훈이 같기에 혼용해서 쓰는 것 같다. 현재의 중국 주역에는 보다시피 '晢'로, 우리나라 주역에서는 '晳(석)'으로 표기되었다.

우리가 이 괘에서 간과해서는 안 될 것이 하나 있는데 그것은 바로 '大有(대유)'의 내용물이다. '크게 있음'이 '크게 소유함'이 되고, 큰 것[大]이 많음[多]이 되는데, 그 크고 많은 것이 바로 무엇이냐일 것이다. 그것은 구이 효사에서 언급된 것처럼 큰 수레에 싣는 것은 재물(財物)이 마땅하듯이 요즘 말로 치면 '그놈의 돈[錢]'이다. 그리고 한 가지가 더 있다. 그것은 뜻과 행동을 같이하는 천화동인괘(天火同人卦)를 이어받은 것이 바로 화천대유괘(火天大有卦)인 것처럼, 돈이 좋아, 뜻이 좋아 벌떼처럼 몰려든 사람들[衆]이다.

삼천 년 전 '동인(同人)'과 '대유(大有)'라는 말이 돌연 사람들 입에서 입으로 떠도니 이 또한 하늘의 뜻이 아니겠는가.

-2021. 09. 18.

01 序卦传·上

有天地, 然后万物生焉. 盈天地之间者唯万物, 故受之以《屯》. 《屯》者, 盈也;物之始生也. 物生必蒙, 故受之以《蒙》.《蒙》者, 蒙也;物之稚也. 物稚不可不养也, 故受之以《需》.《需》者, 饮食之道也. 饮食必有讼, 故受之以《讼》. 讼必有众起, 故受之以《师》.《师》者, 众也. 众必有所比, 故受之以《比》.《比》者, 比也. 比必有所畜, 故受之以《小畜》. 物畜然后有礼, 故受之以《履》. 履而泰然后安, 故受之以《泰》.《泰》者, 通也. 物不可以终通, 故受之以《否》. 物不可以终否, 故受之以《同人》. 与人同者物必归焉, 故受之以《大有》. 有大者不可以盈, 故受之以《谦》. 有大而能谦必豫, 故受之以《豫》. 豫必有随, 故受之以《随》. 以喜随人者必有事, 故受之以《蛊》.《蛊》者, 事也. 有事而后可大, 故受之以《临》.《临》者, 大也. 物大然后可观, 故受之以《观》. 可观而后有所合, 故受之以《噬嗑》. 嗑者, 合也. 物不可苟合而已, 故受之以《贲》.《贲》者, 饰也. 致饰然后亨则尽矣, 故受之以《剥》.《剥》者, 剥也. 物不可以终尽, 剥, 穷上反下, 故受之以《复》. 复则不妄矣, 故受之以《无妄》. 有无妄然后可畜, 故受之以《大畜》. 物畜然后可养, 故受之以《颐》.《颐》者, 养也. 不养则不可动, 故受之以《大过》. 物不可以终过, 故受之以《坎》.《坎》者, 陷也. 陷必有所丽, 故受之以《离》.《离》者, 丽也.

02 序卦传·下

有天地, 然后有万物;有万物, 然后有男女;有男女, 然后有夫妇;有夫妇, 然后有父子;有父子, 然后有君臣;有君臣, 然后有上下;有上下, 然后礼义有所错. 夫妇之道, 不可以不久也, 故受之以《恒》.《恒》者, 久也. 物不可以久居其所, 故受之以《遁》.《遁》者, 退也. 物不可以终遁, 故受之以《大壮》. 物不可以终壮, 故受之以《晋》.《晋》者, 进也. 晋必有所伤, 故受之以《明夷》. 夷者, 伤也. 伤于外者必反其家, 故受之以《家人》. 家道穷必乖, 故受之以《睽》.《睽》者, 乖也. 乖必有难, 故受之以《蹇》.《蹇》者, 难也. 物不可以终难, 故受之以《解》.《解》者, 缓也. 缓必有所失, 故受之以《损》. 损而不已必益, 故受之以《益》. 益而不已必决, 故受之以《夬》.《夬》者, 决也. 决必有所遇, 故受之以

《姤》.《姤》者, 遇也. 物相遇而后聚, 故受之以《萃》.《萃》者, 聚也. 聚而上者谓之升, 故受之以《升》. 升而不已必困, 故受之以《困》. 困乎上者必反下, 故受之以《井》. 井道不可不革, 故受之以《革》. 革物者莫若鼎, 故受之以《鼎》. 主器者莫若长子, 故受之以《震》.《震》者, 动也. 物不可以终动, 止之, 故受之以《艮》.《艮》者, 止也. 物不可以终止, 故受之以《渐》.《渐》者, 进也. 进必有所归, 故受之以《归妹》. 得其所归者必大, 故受之以《丰》.《丰》者, 大也. 穷大者必失其所居, 故受之以《旅》. 旅而无所容, 故受之以《巽》.《巽》者, 入也. 入而后说之, 故受之以《兑》.《兑》者, 说也. 说而后散之, 故受之以《涣》.《涣》者, 离也. 物不可以终离, 故受之以《节》. 节而信之, 故受之以《中孚》. 有信者必行之, 故受之以《小过》. 有过物者必济, 故受之以《既济》. 物不可穷也, 故受之以《未济》终焉.

03 杂卦传

《乾》刚《坤》柔,《比》乐《师》忧.《临》.《观》之义, 或与或求.《屯》见而不失其居②,《蒙》杂而著.《震》, 起也.《艮》, 止也.《损》.《益》盛衰之始也.《大畜》时也.《无妄》灾也.《萃》聚而《升》不来也.《谦》轻而《豫》怠也.《噬嗑》食也,《贲》无色也.《兑》见而《巽》伏也.《随》无故也,《蛊》则饬也 ③.《剥》烂也,《复》反也 ④.

《晋》昼也.《明夷》诛也.《井》通而《困》相遇也.《咸》速也.《恒》久也.《涣》离也.《节》止也.《解》缓也.《蹇》难也.《睽》外也.《家人》内也.《否》、《泰》反其类也.《大壮》则止,《遁》则退也.《大有》众也.《同人》亲也.《革》去故也.《鼎》取新也.《小过》过也.《中孚》信也.《丰》多故也 ⑤. 亲寡《旅》也 ⑥.《离》上而《坎》下也.《小畜》寡也.《履》不处也.《需》不进也.《讼》不亲也.《大过》颠也.《姤》遇也, 柔遇刚也,《渐》女归待男行也 ⑦.《颐》养正也.《既济》定也 ⑧.《归妹》女之终也.《未济》男之穷也.《夬》决也, 刚决柔也, 君子道长, 小人道忧也.

04 说卦传

第一章 ————————————————————————————

昔者圣人之作易也, 幽赞于神明而生蓍, 参天两地而倚数, 观变于阴阳而立卦, 发挥于刚柔而生爻, 和顺于道德而理于义, 穷理尽性, 以至于命.

第二章 ————————————————————————————

昔者圣人之作易也, 将以顺性命之理. 是以立天之道, 曰阴与阳;立地之道, 曰柔与刚;立人之道, 曰仁与义. 兼三才而两之, 故易六画而成卦. 分阴分阳, 迭用柔刚, 故易六位而成章.

第三章

天地定位, 山泽通气, 雷风相薄, 水火不相射, 八卦相错. 数往者顺, 知来者逆, 是故易逆数也.

第四章

雷以动之, 风以散之, 雨以润之, 日以烜之, 艮以止之, 兑以说之, 乾以君之, 坤以藏之.

第五章

帝出乎震, 齐乎巽, 相见乎离, 致役乎坤, 说言乎兑, 战乎乾, 劳乎坎, 成言乎艮. 万物出乎震, 震, 东方也. 齐乎巽, 巽, 东南也, 齐也者, 言万物之洁齐也. 离也者, 明也, 万物皆相见, 南方之卦也, 圣人南面而听天下, 向明而治, 盖取诸此也. 坤也者, 地也, 万物皆致养焉, 故曰致役乎坤. 兑正秋也, 万物之所说也, 故曰说言乎兑. 战乎乾, 乾, 西北之卦也, 言阴阳相薄也. 坎者水也, 正北方之卦也, 劳卦也, 万物之所归也, 故曰劳乎坎. 艮, 东北之卦也, 万物之所成终而所成始也, 故曰成言乎艮.

第六章

神也者, 妙万物而为言者也. 动万物者, 莫疾乎雷;桡万物者, 莫疾乎风;燥万物者, 莫熯乎火;说万物者, 莫说乎泽;润万物者,莫润乎水;终万物、始万物者, 莫盛乎艮. 故水火相逮, 雷风不相悖, 山泽通气, 然后能变化, 既成万物也.

第七章

乾, 健也;坤, 顺也; 震, 动也; 巽, 入也;坎, 陷也;离, 丽也;艮, 止也;兑, 说也.

第八章

乾为马, 坤为牛, 震为龙, 巽为鸡, 坎为豕, 离为雉, 艮为狗, 兑为羊.

第九章

乾为首, 坤为腹, 震为足, 巽为股, 坎为耳, 离为目, 艮为手, 兑为口.

第十章

乾天也, 故称乎父;坤地也, 故称乎母. 震一索而得男, 故谓之长男;巽一索而得女, 故谓之长女;坎再索而得男, 故谓之中男;离再索而得女, 故谓之中女;艮三索而得男, 故谓之少男;兑三索而得女, 故谓之少女.

第十一章 --

乾为天、为圜、为君、为父、为玉、为金、为寒、为冰、为大赤、为良马、为瘠马、为驳马、为木果.

坤为地、为母、为布、为釜、为吝啬、为均、为子母牛、为大舆、为文、为众、为柄, 其于地也为黑.

震为雷、为龙、为玄黄、为敷、为大涂、为长子、为决躁、为苍筤竹、为萑苇. 其于马也, 为善鸣、为馵足, 为的颡. 其于稼也, 为反生. 其究为健, 为蕃鲜.

巽为木、为风、为长女、为绳直、为工、为白、为长、为高、为进退、为不果、为臭. 其于人也, 为寡发、为广颡、为多白眼、为近利市三倍. 其究为躁卦.

坎为水、为沟渎、为隐伏、为矫輮、为弓轮. 其于人也, 为加忧、为心病、为耳痛、为血卦、为赤. 其于马也, 为美脊、为亟心、为下首、为薄蹄、为曳. 其于舆也, 为多眚. 为通、为月、为盗. 其于木也, 为坚多心.

离为火、为日、为电、为中女、为甲胄、为戈兵. 其于人也, 为大腹, 为乾卦. 为鳖、为蟹、为蠃、为蚌、为龟. 其于木也, 为科上槁.

艮为山、为径路、为小石、为门阙、为果蓏、为阍寺、为指、为狗、为鼠、为黔喙之属. 其于木也, 为坚多节.

兑为泽、为少女、为巫、为口舌、为毁折、为附决. 其于地也, 刚卤. 为妾、为羊.

단전 彖傳
우리말 번역 & 핵심내용 집중탐구

초판인쇄 2021년 09월 27일 **초판발행** 2021년 9월 30일
초판 2쇄 2022년 01월 06일

지은이 **이시환**
펴낸이 **이혜숙**   펴낸곳 **신세림출판사**
등록일 1991년 12월 24일 제2-1298호

04559 서울특별시 중구 퇴계로49길 14,
　　충무로엘크루메트로시티2차 1동 720호
전화 **02-2264-1972** 팩스 **02-2264-1973**
E-mail : shinselim72@hanmail.net

정가 **20,000원**

ISBN 978-89-5800-237-6, 03150